新版
ストーリーで学ぶ マネジメント
——組織・社会編——

田中信弘
木村有里
[編著]

文眞堂

はしがき

　前著『ストーリーで学ぶマネジメント〜経営管理「超」入門〜』（2012年3月刊）から7年が経過しましたので，このたび内容を大幅に刷新し，新版を出版する運びとなりました。新版は，「組織・社会編」と「戦略・市場編」の2部を計画しており，本書「組織・社会編」では，「経営組織」と「企業と社会」の学問領域に取り組みます。あえて「社会」の一言を入れた点は，今日の企業が以前と比べて，さまざまな形で社会との関係に配慮し，エンゲージしていく姿勢が求められるようになった事情を重視しています。前著同様に，大学生など，はじめて経営を学ぶ人たちに，会社等のマネジメントを理解してもらえるような内容を目指しました。

　アメリカの大学で使用されている基礎的な経営学の教科書を見てみると，ケース（事例），インタビュー，コラムなどの掲載量に圧倒されます。加えて，企業紹介や経営者へのインタビュー動画もWebサイトから見ることができるようになっています。日々変化するBusinessの現場を理解するために，Managementを学ぶのだという姿勢が強く感じられます。翻って，日本では，経営学の理論や専門用語を理解するために，わかりやすく事例を交えて解説するというスタンスであり，実学を標榜する経営学の教科書，学びのあり方について考えさせられました。

　この『ストーリーで学ぶマネジメント』の構想は，工学部で使用されていた工学倫理の教科書から着想を得たものでした。そこには，技術者が，どのような場面（シーン）で，何を考えるべきか，項目ごとに具体的に記されていました。私たちも，講義の中で，映画やニュースを紹介して，知識と現実のコネクションを作ろうと努力しているわけですが，世代間ギャップもあり，なかなか事例が事例として伝わらないこともあります。そこで，まず全員が同じ「ストーリー」を読むことで場面（シーン）を共有し，そこから，基礎的な学術知識に導こうと考えました。

はしがき

　前著のはしがきでも述べたことですが，ストーリーは，授業内の討論の題材として，あるいは，次回授業への導入としても活用することができます。前著では，各章，「ストーリー編」と「解説編」から6頁としましたが，授業1コマに使用するにはやや短く感じました。そこで今回は，ストーリーを2本に増やして，各章10頁としました。「ストーリー」と名づけましたので，淡々とした事例の紹介ではなく，少しだけ「ストーリー性」「読み物としての楽しさ」を意識して読んでもらえるような題材としました。

　本書の構成についてふれておくと，Part Iの「企業の理解のために」では，株式会社の発達を視野に，大企業におけるマネジメントの重要性を紐解くことにしました。組織の担い手としての経営者の役割に注目するとともに，その養成のあり方も現代社会の重要課題であろうと考えられます。本書の「組織・社会編」というタイトルの意義を，ピーター・ドラッカーの視点から導こうとしています。民間の企業やさまざまな組織の活力なくしては経済や社会の発展が見込めないであろう現状を理解してもらうことを念頭に置きました。

　Part IIの「組織からマネジメントを考える」では，組織論で扱われる基本的なテーマを選びましたが，いずれのストーリーからも組織を「維持」しつつ「革新」し続けなければならないという難しい課題に対して，不断の努力を続けている企業の有様が見えてくると思います。さらに，起業，女性活躍推進，異文化協働，ワークライフバランス，働き方改革と，このパートの半数を「働く」ことに関するテーマとしました。組織は言うまでもなく人の集まりであり，人がどう働くのか，人がどう生きるのかを考えることが，組織の維持と革新のマネジメントの根幹だと考えたからです。

　Part IIIの「社会から企業のあり方を考える」では，コーポレート・ガバナンス，CSR，NGO，NPO，そしてBOPビジネスといったテーマを取り上げています。ドラッカーは，企業は公益にかかわりがあると述べていますが（1-1参照），現代企業の行動が利益以外の要因を同時に追求していかざるをえないのは，企業と社会の関係をめぐる変化に起因していると考えられます。企業は顧客の創造を通して利益を創出していくことが重要な使命ですが，そのプロセスには，さまざまなステークホルダーへの配慮が前提として求められるからで

す。2015年に国連が採択したSDGs（持続可能な開発目標）やESG（環境・社会・ガバナンス）投資，さらにはCSV（共通価値の創造）というような新しい動向を踏まえた行動を，現代企業は期待されているのが実情です。

　また，各パートの末には，ロングストーリーを「本を読む」として配置しました。若者の本離れが言われて久しいですが，授業後コメントシートなどでは，「お薦めの本を教えてほしい」との記載が多数みられます。つまり，何か読んでみようかなという気持ちは，少なからずあるようです。各章のストーリーから，ロングストーリーへ，そして専門書を含めたさまざまな書籍へ，学びの滑走路となることが本書の意図している実は最も重要なメッセージです。

　さらに，コラム「本を読んだら…まちに出よう！」では，企業を理解していく上での「まち歩き」をすすめています。企業等が関係し，設立した文化施設は，大きな観光資源でもあり，多くの場合，それらは比較的安価で利用できます。実際に，目で見た体験もまた現代企業の理解につながるものです。寺山修司には申し訳ありませんが，若者のみなさんは，是非，書は捨てないでまちに出てください。

　ロングストーリー「本を読む」とコラム「本を読んだら…まちに出よう！」については，それぞれ体系化していくことで，面白いテキスト・読み物に仕上げられる可能性があり，読者の反応を楽しみにしています。

　本書の企画は，編者の間で今回もごく短時間で方向性が決まり，出版の実現までこぎつくことができました。文眞堂の前野隆氏，前野弘太氏，山崎勝徳氏には本書企画への理解を賜り，また進行を温かく見守っていただき，感謝いたします。また，編者の意図を適切にくみ取っていただいた執筆者の方にも感謝申し上げます。なお，出版にあたって，杏林大学の出版助成を得ています。ここに記して感謝します。

2019年3月　編者

目　　次

はしがき ……………………………………………………………………………… *i*

Part I
企業の理解のために

1-1　企業とは何か？ ………………………………………………………… *2*

Story 1　ドラッカーによる「マネジメントの創造」
　　　　　──大企業の組織はどうなっているのか？── ………………… *2*

Story 2　受け入れられなかったドラッカーの提言
　　　　　──マネジメントについての考え方と組織・社会観をめぐって── …… *4*

本を読む *1*
　　ナイキの創業と日本企業との深い関係　*12*

書を読んだら…まちに出よう！──企業家編──　*18*

Part II
組織からマネジメントを考える

2-1　よいチームをつくるには？ ……………………………………… *20*

Story 1　「スイミー」のチームづくり
　　　　　──メンバーは，どのようにひとつにまとまるのか？── …… *20*

Story 2　「みんなをうまくまとめられません」
　　　　　──リーダーの役割── ……………………………………………… *22*

v

2-2　活力ある組織をつくるには？ 30

Story 1　星野リゾートによるホテル再生
　　　　　——従業員エンパワーメントと組織再設計—— 30

Story 2　JR 東日本の駅ナカ商業施設エキュートの挑戦
　　　　　——新規プロジェクトによる組織活性化—— 32

2-3　組織は戦略に従うのか？ 40

Story 1　Amazon の戦略
　　　　　——ネット書店として市場をつかむ—— 40

Story 2　Amazon が打つ次の一手
　　　　　——戦略が組織に従うビジョン—— 42

2-4　世界が認める長寿企業とは？ 50

Story 1　世界の長寿企業が加盟するエノキアン協会
　　　　　——その加盟条件の意味とは？—— 50

Story 2　世界を席巻する日本の小さな長寿企業
　　　　　——菊地保寿堂が示す伝統を守り伝統を崩す経営とは？—— ... 52

2-5　「起業」に求められるものとは？ 60

Story 1　日本の起業ブームが教えてくれること
　　　　　——起業をけん引するのは誰？—— 60

Story 2　株式会社リブセンスの起業プロセス
　　　　　——起業家に求められる姿勢とは？—— 62

2-6　女性の活躍ってなんだろう？ 70

Story 1　両立女性はスーパーウーマンか？
　　　　　——働く女性の生活と葛藤—— 70

Story 2　ANA の女性活躍推進
　　　　　——女性管理職とそのロールモデルを考える—— 72

2-7 異文化と働くとは？ ················· 80

Story 1 我々は労働力を呼んだが，やってきたのは人間だった
——外国人労働者の受け入れ問題—— ················· 80
Story 2 宇宙人と働けますか？
——組織内異文化摩擦の解消—— ················· 82

2-8 ワークライフバランスをたもつためには？ ················· 90

Story 1 プラダを着た悪魔の職場で生き抜け！
——組織文化を知り，自己を啓発する—— ················· 90
Story 2 輝かしいキャリア，成功の末にあるものとは？
——自律性と没入的労働—— ················· 92

2-9 人生 100 年時代の新しい働き方とは？ ················· 100

Story 1 社員発，ロート製薬の「社外チャレンジワーク制度」
——働き方の多様性—— ················· 100
Story 2 NPO クロスフィールズの留職プログラム
——仕事と社会の関係を考える—— ················· 102

本を読む 2 ————————————
トップが組織を変えるためにできること　110
本を読む 3 ————————————
あらためて考える，良いリーダーとは？　116

書を読んだら…まちに出よう！——産業技術編——　122

目　次

Part III
社会から企業のあり方を考える

3-1　株式会社は誰のもの？ ································· 124

Story 1　僕のおかねと会社のおかね
　　　　　——「個人商店」と「会社」—— ················ 124

Story 2　「会長」はなぜ逮捕されたのか
　　　　　——取締役の職務と企業不祥事—— ··········· 126

3-2　企業不祥事を予防するには？ ····················· 134

Story 1　石屋製菓の不祥事とその対応
　　　　　——「白い恋人」の賞味期限改ざん—— ········ 134

Story 2　ベネッセコーポレーションの不祥事とその対応
　　　　　——顧客情報漏えいと情報セキュリティ—— ········· 136

3-3　新たな資本家とはだれか？ ····················· 144

Story 1　GPIF とわれわれの年金
　　　　　——機関投資家としての年金基金・運用会社の保有増大—— ··· 144

Story 2　企業を動かす大きな力
　　　　　——ESG 投資とエンゲージメント—— ················ 146

3-4　CSR ってなに？ ································· 154

Story 1　スターバックス・コーヒーのフェアトレード
　　　　　——コーヒー豆生産農家の生活は保証されているのか—— ····· 154

Story 2　フォックスコン社の従業員飛び降り自殺事件
　　　　　——アップル社の生産責任はどの範囲までなのか—— ········ 156

3-5 NGO は企業にとって怖い存在なの？ ……… 164

Story 1 NGO のアクティビズム
──グリーンピースとシェル社とのブレント・スパー事件── ……… 164

Story 2 NGO と企業の協働
──ユニリーバとオックスファムの協働── ……… 166

3-6 利益を追求しない会社はあるの？ ……… 176

Story 1 NPO フローレンスの病児保育事業
──社会起業家による事業創造の動機── ……… 176

Story 2 NPO フローレンスのアドボカシー活動
──ロビー活動による「休眠預金等活用法」の実現── ……… 178

3-7 BOP ビジネスとは？ ……… 186

Story 1 低所得地域への商品販売
──ダノン・グラミンと味の素の工夫── ……… 186

Story 2 先端技術を途上国に移転
──命を救う商品を広げる・住友化学── ……… 188

本を読む 4
CSR 部門で働くビジネスマンが社会のためにできること　196

書を読んだら…まちに出よう！──美術館編──　202

索引 ……… 203

PART I

企業の理解のために

1-1

企業とは何か？

Story 1

ドラッカーによる「マネジメントの創造」
──大企業の組織はどうなっているのか？──

　1940年代，当時は「マネジメント」をテーマにした書籍は，一部の専門書を除くとほとんどなかった。ピーター・ドラッカーは，企業が産業社会の主役となるなかで，社会全体を良くするための組織として，企業の役割に注目し，企業が社会をけん引する可能性を考えていた。そのためには，大企業が組織としてどのように動いているかを知る機会が必要だった。

　そんな時，世界最大企業，アメリカの自動車メーカーのゼネラル・モーターズ（GM）から，マネジメントと組織について，第三者の目で調査してくれないかという，企業内部を調査するプロジェクトの依頼が舞い込んだ。

　1923年から最高経営責任者（CEO）の座にあった，アルフレッド・スローンの下で，GMは近代的な企業組織への道を歩み，世界初の本格的な事業部制や分権制を導入し効果を上げていた。ドラッカーはマネジメントの研究対象としてこれに勝るものはないと考えた。一方，GMが調査を依頼した経緯であるが，スローンらが築き上げて，創設から四半世紀を経過したGMのマネジメントの仕組みを，次の世代に引き継いでいくために，見直す機会としたかった。

　GMでの調査は18か月に及ぶもので，主要な経営陣とのインタビューや経営会議の出席，工場の視察等を通して，それこそGMという企業を徹底的に調査した。ドラッカーは，元々，彼自身は企業等でのフルタイムの勤務よりも，パートタイムのコンサルティングが得意と考えていたようだ。手法としては，まず，幹部社員らとの面談からスタートし，個性豊かな彼らとの会話を楽しみながら，全体像をつかむようにしていった。

　調査の結果は，1946年に『企業とは何か』としてまとめ出版された。この

本は，GM経営陣や出版社の予想に反してベストセラーとなる。ドラッカーが行ったことは，それまで行われていなかったマネジメントの体系というものを確立しようとすることだった。マネジメントの体系には，組織構造，個人と組織の関係，経営者の機能，意思決定プロセス，人材開発，労使関係，社会的責任などの重要項目があり，それらを先駆的にとりあげ，その後，続くことになるマネジメント・ブームに火をつける役割を担った。

　1950年には，さらにドラッカーはアメリカを代表する電機会社ゼネラル・エレクトリック（GE）にコンサルタントとして招かれ，組織改革を推進した。その経験はドラッカー自身のマネジメントの体系化に決定的な影響を及ぼし，1954年に刊行された『現代の経営』がその成果を示す金字塔として位置することになる。同書のなかで，彼の有名な企業目的についての定義が述べられている。すなわち，「企業の目的として有効な定義はひとつしかない。すなわち，顧客の創造である」と指摘し，それまで経済学が前提としてきた「利潤最大化」という考え方と異なる見方を提起したのである。この定義，「顧客の創造」は，今日に至るまで企業活動の意義を示す考え方として広く普及した。この著書によって，ドラッカーは「マネジメントの発明者」といわれるようになったのである。

参考：
Drucker, P. F. (1946), *Concept of the Corporation*（邦訳『企業とは何か～その社会的な使命』ダイヤモンド社，2005年）
Drucker, P. F. (1954), *The Practice of Management*（邦訳『ドラッカー名著集　現代の経営』ダイヤモンド社，2006年）
Drucker, P. F. (1979), *Adventure of A Bystander*（邦訳『ドラッカー わが軌跡～知の巨人の秘められた交流』ダイヤモンド社，2006年。旧訳書名『傍観者の時代』）

---

⑦ 考えてみよう！

Q1　ドラッカーが企業研究を始めた理由は？
Q2　「マネジメント」とはなにか？　その体系はどのようなものであろうか？
Q3　企業の目的について改めて考えてみよう。

Part I 企業の理解のために

Story *2*

受け入れられなかったドラッカーの提言
──マネジメントについての考え方と組織・社会観をめぐって──

　Story 1 で見たように，ドラッカーは GM の社内調査からいくつかの提言を行ったが，GM はその調査結果をどのように活用したのか。実は，GM 社内では，ドラッカーが示した提言はことごとく無視されたのである。経営者スローンは，1964年の著作『GM とともに』の中で『企業とは何か』の内容に一切ふれていない。GM はスローンの下，事業部制や分権制を導入するなどで近代的な企業経営の元祖となったが，彼が引退後，GM は次第に自動車業界における世界競争において劣勢を強いられるようになる。

　ドラッカーは，『企業とは何か』の1983年版の終章に加えたエピローグ「成功を原因とする失敗」のなかで，スローンがドラッカーの提言を受け入れなかった理由として，次の三つの点をあげている。

　第一は，マネジメントは一時的なものでしかありえず，常に陳腐化のおそれがあるというドラッカーの考え方であった。スローンと GM にとっては，マネジメントとは「原理であって恒久的たるべきもの」で，「少なくとも長期に続くべきもの」であった。GM は，戦後長らく，それまでに築き上げたマネジメントの仕組みをほぼそのままの形で継承した。すなわち，ドラッカーはマネジメントを環境変化に対応するための道具であるという見方を重視したが，GM は自分たちの経験を絶対視し，経営を見直す機会とはしなかった。

　第二は，マネジメント的な視点をもつ責任ある従業員と，自立的な職場コミュニティの実現という「組織観」がドラッカーの示した考え方だった。ドラッカーは，仕事をすすめるうえで，さまざまな側面での従業員の参画を提案した。この考え方は，スローンの後継者，社長チャールズ・ウィルソンの賛意を得ていたが，スローンや GM のトップ主流の共感を得ることができなかった。さらに，この考え方に対しては，全米自動車労働組合（UAW）が強烈に反対した。興味深いことに，その理由は労使ともに一致しており，マネジメントの責任を従業員にもたせることは負担であり，その責任は経営幹部が負うべ

4

きものという考えだった。こうして，従業員関係についてのドラッカーの提言はスローンらに受け入れられず，無視された。戦後この考え方を，むしろ積極的に受け入れたのは，日本企業だったのである。

　第三は，ドラッカーは，企業は公益にかかわりがあるとし，社会の問題にも関係をもたざるをえないという「社会観」を示したことだった。しかし，スローンとGM幹部は，GMに経済的機能を超えた権限と責任を与えることを拒否した。スローンにとって企業とは，それに固有の機能，つまり経済的機能に専念すべきものだった。ドラッカーは，スローンがいうプロとしての役割の限定という考え方を認めるが，マネジメントを担うべき者は共通の善についての責任を果たさねばならないと考えた。その理由を「それを行えるものが，他にないからである」とし，公共の利益は，利害の異なるものたちの限定された役割によっては実現しえないことを強調した。

　その後，GMは，経営環境が大きく変化するなかで，次第に経営の考え方を改めるようになっていく。しかし，1970年代以降は外国車，とりわけ日本の自動車メーカーとの競争に苦しみ低迷を続け，ついに2009年6月に連邦倒産法第11章の適用を申請し，倒産した。アメリカ企業を代表するGMの経営者の考え方は，アメリカ企業の特徴ともいうべき「組織観」，「社会観」の基礎となった。ドラッカーの考え方は企業の本質をめぐる問題提起だったといえる。

参考：Story 1 に同じ。

---

⑦ 考えてみよう！

Q1　GM の経営者は，マネジメントを科学的なものと考えていたのであろうか。

Q2　「責任ある従業員と職場コミュニティ」という考え方は，なぜGM で受け入れられなかったのであろうか？

Q3　企業が公益にかかわりを持つべきであるとする理由を説明せよ。

🔍 調べてみよう！

Q1　1970 年代以降の自動車業界をめぐる環境変化について調べてみよう。そして現在の課題は？

Q2　ドラッカーが期待したように，企業は社会をけん引できるであろうか。

Part I 企業の理解のために

【解説】

1　さまざまな組織のマネジメント

　現代はさまざまな組織において，経営管理＝マネジメント（management）が必要とされ，そのあり方が模索されている。ここでごく簡潔に「マネジメント」の意味を述べておくと，「目標，目的を達成するために必要な要素を分析し，成功するために手を打つこと」である。このことは，企業の経営をイメージするのみならず，社会におけるさまざまな活動にも必要な考え方の基礎である。たとえば，近年，自治体，病院，福祉施設等の公共的性格を持つ組織においても，その有効性をめぐるマネジメントの見方を必要とするようになった。また近年，ミリオンセラーとなった『もしドラ』（題名：もし高校野球の女子マネージャーがドラッカーの「マネジメント」を読んだら）という本では，高校野球部内のマネジメントが題材とされ，チームとしてのマネジメントの成功が躍進を導くことが描かれる。このように，マネジメントは多くの領域で論じられるべきテーマであるが，本書が主として取り上げるのは企業の行動である。

　マネジメントを扱う経営学の中心的な対象は企業であり，経営学は巨大企業が発達した20世紀に進展を遂げる学問となった。大規模企業の舵取りは当然のことながら単純なものでなく，マネジメントの専門的な知識を持つ経営者の役割が重要である。ここに経営学の成り立ちの根拠があるわけだが，そもそも企業はどのような経緯があって歴史的に形成されてきたのか。この点を考えていく必要がありそう

である。

2 株式会社の生成と発展

会社を意味する「カンパニー」（company）の語源は，中世のイタリア語で「コンパーニャ」。コンは「共にする」，パーニャは「パン」を意味し，カンパニーとは「同じ釜の飯を食う」ことだそうである（岩井克人『資本主義を語る』講談社，1994年）。「会社の空気はおいしい」といえる雰囲気をトップの経営者が作れるかどうか，そこに会社のマネジメントの「要」があるといえよう。

今日，世界の先進諸国といえば，欧米や日本を中心に考える人が少なくないと思われる。しかし，世界の歴史のなかでは，アラブ（イスラム）や中国が経済的優位を持つ時期もあった。アラブはローマ帝国滅亡後には商業活動の中心をなした。また，中国は14世紀には世界最高の造船技術を築き上げ，磁器産業なども隆盛をきわめた。だが，それらは大規模な民間企業として発展することなく，やがて非効率な状態になってしまい衰退してしまった。

それに対し，その後の欧米諸国の経済発展は何によってもたらされたのか。その答えのひとつは，今日の代表的**会社形態**である株式会社の活用にあったといえるかもしれない。株式会社の起源とされるのは，大航海時代を背景に17世紀初頭にヨーロッパの国々で設立された東インド会社であり，有限責任制度と資本の証券化がその基本的特徴である。

その後，株式会社は法制度が整備されるまで長い期間を要したが，18世紀後半にはイギリスで産業革命が起こり，工業を基軸として資本主義の発展が

会社形態：
一般に，企業に法人格を付与したものを「会社」という。わが国では，合名会社，合資会社，株式会社，相互会社，合同会社などの会社形態が存在し，それぞれの特徴を踏まえて会社の設立がなされる。なお，有限会社は，2006年の会社法施行に伴い有限会社法が廃止され，それ以降は設立できなくなった。

促されるようになると，膨大な資金需要を賄うのに株式会社の活用が盛んになっていった。また証券市場の発達を背景として，株式会社は次第に大規模化の要請を満たし，産業発展を加速させる担い手となった。19世紀後半になると，アメリカなどで巨大株式会社（ビッグビジネス）が鉄道，石油，自動車，化学などに誕生し，それぞれの産業において技術革新を起こした。このように，株式会社が巨額の投資資金を集めることを可能にし，市場経済のなかで企業独自の製品やサービスの提供が競われるようになった。

　Story編で取り上げた**GM**は，企業の大規模化が進むなかで，いち早く近代経営を推進した事例として有名である。ドラッカーはGMを対象として研究をすすめ，マネジメントの体系化に尽力し，経営者の役割を具体的に考察したのである。

3　マネジメントを担う経営者の役割

　大規模な株式会社では，株式の大量発行による巨額の資金調達が行われ，次第に株式の所有が多くの株主に分散されていく。それとともに**所有と経営の分離**が起こり，大株主に代わって**専門経営者**の役割が重要になっていった。大規模企業の経営は，オーナーによって経営される会社から，経営のプロとしての専門経営者によって運営されるべきであり，GMのスローンは，事業部制や分権制を主体とした近代的な経営を実践した。そのような状況の中で，マネジメントへの関心と理解が次第に喚起されていくことになるが，それまではバーナードの『経営者の役割』（1938年）のような講演録やフォレットの

GM：
GMは，1989年に工場閉鎖に伴う大規模なストライキに遭遇する。これについては，マイケル・ムーア監督のドキュメンタリー映画『ロジャー＆ミー』が参考になる。GMの発祥の地であるミシガン州フリント市は，いくつかの工場閉鎖に伴い，GMに多くを依存していた市の財政は窮乏していくことになる。

所有と経営の分離：
企業の大規模化に伴い，株式が分散化してくると，企業を直接支配できるほどの大株主がいなくなり，経営者が実質的な支配権を手にすることになりやすい。バーリ（Berle, A. A.）・ミーンズ（Means, G. C.）により指摘された。

専門経営者：
professional managerのこと。大株主（企業の所有者）でない経営者であり，俸給経営者（salaried manager）ともいう。専門経営者は，株主の利害だけでなく，従業員，供給業者，地域社会などのステークホルダーの利害を調整しながら経営を行う。

リーダーシップや紛争解決についての先駆的な論文のような，少数の専門家を対象とした書物があるという程度の状況だった。ドラッカーは，大企業組織はどうなっているかを問題意識としてGMの調査を請け負い，その中でマネジメントの体系化に着手するようになったのである。

　彼は，彼が得意なコンサルティングの仕事として，多くの経営幹部と面談する中で，経営者の役割というものを考え，彼なりの答えを見出していった。それはスローンの考えと相いれないところもあったことは，「Story 2」で見たとおりである。とりわけ，環境変化に対する企業適応こそ，マネジメントの重要課題であることを説き，事業の再定義の必要性なども経営者の役割として求められることをその後の論文で強調している。企業の主力事業が新しい現実にそぐわなくなったとき，環境の変化に対応して「事業の定義」を見直していかなければならないとし，ドラッカーは，1970年代以降，この「事業の定義」の必要に迫られた企業として GM のケースを取り上げている。また，従業員の創造性発揮を中核に据えた彼の「組織観」や，企業の公益・社会的役割を重視する「社会観」については，現代にも通底する視座を我々は感じ取ることができると思われる。このあたり，本書の副題である「組織・社会編」という構成に通じるところを読者は感じたかもしれない。

　ドラッカーは，GMのほかにも，GEの調査に乗り出し，1954年の著作『現代の経営』において，マネジメントの体系化の作業を発展させた。コンサルティングを通じて，さまざまな企業を比較しなが

Part I 企業の理解のために

ら，個々の企業の問題点やアメリカ企業の課題を見究めるようになっていったのである。

4 経営者や実務家の養成のために

　一方で，経営者あるいは実務家を養成する仕組みをどうすべきかといった問題意識も生じることになる。ドラッカーは，戦前のGMにおいて，高学歴が履歴においてプラスでなく，マイナスであったことを印象深く指摘している。GMでは，現場からのたたき上げを前面に打ち出し，大学を出ていない機械工や事務員からスタートした者に陽を当てたいという雰囲気があった。そのため，高学歴であることはむしろ隠しておくべきことであったらしい。また実用的でないという理由で大学教育への偏見もあった。しかしながら，技術の高度化に伴い，高等教育の必要性が次第に大きくなり，大学卒業者の活用が進むとともに，GMの中に見習工のためにエンジニアリングの教育機関を創設する動きも起こった。

　また，アメリカでは，20世紀初期に大学等の機関が実務家の養成を担う動きが起こった。たとえば，ハーバード・ビジネススクールは，ハーバード大学の経営大学院（**MBA**）であり，1908年に設立された。すなわち，マネジメントを担う人材育成の方法として大学院での実務的な教育プログラムが生まれ，それが重要な存在として今日に至っている。

　一方，わが国企業の対応は，過去から現在に至るまで，どちらかといえば企業内の人材育成を重視し，長期雇用のなかでの人事管理に重きが置かれたと考えられる。近年は，MBA教育の発達も見られるが，新期学卒採用という仕組みは変わらず，とり

MBA：
Master of Business Administrationの略で，一般に「ビジネススクール」と呼ばれる経営大学院（修士課程）修了者に与えられる学位のことを指す。MBAプログラムは，ビジネスパーソンの実践的なスキルアップを目的とした教育内容に主眼があり，マーケティング，ファイナンス，人的資源管理など実務に必要な専門知識とビジネスリーダーとして活躍できる論理的思考力などのスキルの獲得を重視する。

わけ，文科系の大学院進学者は非常に少ない状況は，他国との大きな違いといえるであろう。従来は，長期雇用システムのなかで正規社員はいくつかの部門での職務を経験し，長い選抜プロセスを経て社長が選ばれる形式が重んじられた。いわゆる「日本的経営」のもとでは，従業員の企業への帰属意識の強さも日本企業の強みともいわれた。

また近年は，先にふれたように世界的な動きとして，**公共経営**（政府組織や非営利組織など）の領域でも，マネジメント人材の養成は重要課題として意識されている。このように，企業やさまざまな組織を効果的にマネジメントすることができるリーダーの存在とその役割にわれわれは改めて注目していくべきであろうと思われる。さいごに，マネジメントの実践のための「経営者に贈る5つの質問」を参考に掲げておこう（図表1-1-1参照）。

日本的経営：
日本の特に大企業に特徴的に現れているとされる経営慣行であり，俗に日本的経営の「三種の神器」とされるのは，終身雇用制，年功序列制，企業別組合である。

公共経営：
パブリック・マネジメント（Public Management）とは，一般に公共を担う組織（行政・NPO・社会起業家など）のマネジメントを指すが，公共の場（都市や地域）のマネジメントもあわせて捉えている概念である。

図表1-1-1　ドラッカーのマネジメント：経営者に贈る5つの質問

◆第1の質問：われわれの使命は何か？
　　～何を実現しようとしているか
◆第2の質問：われわれの顧客は誰か？
　　～新しい顧客を創造できるのか
◆第3の質問：顧客の価値は何か？
　　～顧客にとって，重要なものを満たしているか
◆第4の質問：われわれの成果は何か？
　　～目的に対して行っていることは正しいかどうか
◆第5の質問：われわれの計画は何か？
　　～誰が，何を，いつまでに，どのように行うか

出所）Drucker, P. F. (1993), *The Five Most Important Questions*, Jossey-Bass.（邦訳『経営者に贈る5つの質問』ダイヤモンド社，2009年）より作成。

【参考文献】
岩井克人（2003）『会社はこれからどうなるのか』平凡社
Micklethwait, J. & Woodridge, A. (2003), "The Company : A Short History of a Revolutionary Idea," *Modern Library*（邦訳『株式会社』ランダムハウス講談社，2006年）

Part I 企業の理解のために

本を読む *1*

ナイキの創業と日本企業との深い関係

『SHOE DOG　靴にすべてを。』

（フィル・ナイト著，東洋経済新報社，2017 年）

原著 *Shoe Dog: A Memoir by the Creator of Nike*（Scribner, 2016）

【ここに注目！】

　ナイキの創業者フィル・ナイトが書いた『SHOE DOG』は，創業から株式公開までを描いた，氏の自叙伝です。職業選択の経緯はどのようなものだったのでしょうか。また，日本のオニツカタイガーの製品をアメリカで販売する仕事から，なぜナイキの自社製品を販売するようになったのでしょうか。さらに，ベンチャー企業につきまとう資金不足をめぐる問題をどのようにクリアしていったのでしょうか。大企業への発展に至るまでに生じたさまざまな難題への対処について，驚くほど正直に打ち明けてくれる本です。題名の「シュードッグ」とは，靴のデザイン，製造，販売などすべてに身を捧げる人間のことです。靴の商売に長く関わり懸命に身を捧げ，靴以外のことは何も考えない。そんな人間同士が，互いにそう呼び合っているそうです。

【リーディングポイント！】

① 好きなものに拘る創業者ナイトの職業選択の理由を知ろう。

② ベンチャー企業が大企業と長く付き合うための条件を考えよう。

③ 日米のビジネスをめぐる文化・慣行の違いを感じ取ろう。

④ 当時のアメリカにおけるスタートアップ企業の資金調達の事情を考え，現在の状況と比較してみよう。

1　学生生活から職業の模索へ

　フィル・ナイトは，7年ぶりに故郷の家に帰り，自分の将来を模索していた。オレゴン大学在籍時には，偉大な陸上選手となることが「究極の夢」だった。トラック競技で頭角を現した時期もあったが，「偉大な」とまではいかず，多くの選手と同様に現実を受け入れた。その後，スタンフォード大学のビジネススクールにすすみ，MBA（経営学修士号）を取得し，さらに1年間，アメリカ陸軍の軍用施設で兵士としての知力と技能を身に付けた。

　1962年，彼は24歳。履歴書上では，一人前の「大人」であるとみなされる。自宅付近でランニングをしながら，自問した。「アスリートになれなくとも，アスリートと同じような気分を感じる方法はないであろうか？」と。それに近い気分を味わえる仕事はあるだろうか。

　閃くアイデアはあった。馬鹿げたアイデアだが，力強い確信があった。このアイデアを実現するには，まず父との交渉で世界旅行に行くための資金提供を受ける必要があった。意外なことに，父は「自分も若かった頃にもっと旅をすればよかったと後悔している」と言い，全面的に応援してくれることになった。旅行のなかで，日本に立ち寄り，実行したいと思っていたことがあったのである。

　スタンフォード大学では，起業についてのセミナーがあり，ナイトは靴に関するレポートを書き，プレゼンテーションを行った経験がある。「日本のカメラがドイツのカメラを打ち負かせたように，日本のアスレチック・シューズも，ドイツのアディダスやプーマを打ち負かせられるはず」という問題意識のもと，注目したのが「オニツカタイガー」の高性能で低価格の製品だった。「大学を出たばかりの自分は，まだ人生で何をしたいのか，はっきりしなかった。でも，アスレチック・シューズを売ってまともな暮らしができるなら，それが理想だと確信していた。だから，そのビジネスを，自分や家族を支えられるところまで発展させ

たかったんだ」と考えた。

2　世界旅行と日本

　1962年秋にハワイに飛び，その後，日本に向かった。そして，神戸のオニツカ（現・アシックス）の工場を訪問し，4人の重役と面談する。そのとき，「ミスター・ナイト，何という会社にお勤めですか」と問われ，会社としてはまだ存在しない状態だったが，「オレゴン州のブルーリボンスポーツの代表です」と応じ，アメリカの靴市場の規模やタイガー製品の優位性についてスタンフォード時代のプレゼンテーションを引用し，雄弁に語った。

　ミーティングは2時間に及んだが，その場で，アメリカでの販売代理店となる契約が持ち出され，ナイトはサンプル製品の前払金の支払いを約束した。彼らは日米のパートナーであり，同胞となったのである。その後，ナイトはオレゴンにすぐに帰って新しいビジネスに取り組みたいと思いながらも旅を続け，アジア，ヨーロッパをめぐり，1963年2月に帰国する。

　その後，父の友人の助言もあり，公認会計士の資格をとり，会計事務所の仕事に就く。一方で，オニツカから送られてきたサンプル品を，オレゴン大学の陸上コーチ，ビル・バウワーマンに渡し，彼が興味を抱いたことから，二人は共同事業者となる。バウワーマンは，独自にシューズの改良を行うほど靴に情熱を注ぐ人物だった。ナイトは，オニツカに対して，アメリカ西部での独占販売を任せてくれないかと要請し，300足のシューズの発注を行う。イエスの返事が来ると同時に，会計事務所の仕事を辞めた。1964年のことだった。

　販売戦略は至ってシンプルなもので，さまざまな陸上競技大会に向かい，コーチ，ランナー，ファンと談笑し，シューズを見せる。すると，多くの注文が舞い込むのである。そのため，エリアを拡大し，セールス

マンを雇うことにした。ジェフ・ジョンソン，かつての陸上競技のライバルである。社員の採用は，陸上競技経験者を重視した。

　順調な販売状況であったが，ある日，アメリカ東部の業者からアメリカでの独占販売を委託されたという人から手紙があった。販売停止命令だった。改めて，日本に行ってオニツカ社と協議する必要が生じ，そのとき，創始者である鬼塚喜八郎に会うことになる。鬼塚は，彼自身の創業当時のことを思い起こし，ナイトに販売店をやらせてみる決断をした。

　その後もアメリカでの販売事業は好調であったが，地元の銀行からの融資が厳しくなる。彼らの言い分は，「会社の資産の割に成長が早すぎる」というもので，慎重で保守的な態度からくるものだった。当時のアメリカには，ベンチャーキャピタルのような投資会社もなく，起業家は熱意があっても頼るべき機関や制度がなかった。ナイトは自分の気持ちを押し殺して，会計士の仕事のほうをメインとせざるを得ないこともあった。

3　総合商社との出会い

　そんな時，経済雑誌『フォーチュン』で，日本の総合商社の存在を知る。商社としての事業活動の傍ら，必要な際には「商社金融」というスキームを駆使し，銀行とは異なるスタンスで融資や投資を行っていた。事業の将来性を見定め，リスクを取って資金供給を行う担い手として知られる存在であった。早速，ナイトは日商岩井（現・双日）のポートランド支店を訪ね，将来に向けた話し合いを始め，良い感触を得た。

　オニツカとの関係は，商品配送の遅滞など問題もあったが，事業としては毎年成長は続いていた。オニツカ側の考えとしては，もっと大きくアメリカでの事業拡大を行えるパートナーを期待したことから，両者の関係は次第にすれ違いが増えていくことになる。

ナイトは，当初，サイドビジネスと称し，日商岩井の支援を得ながら，自社製のシューズ製造に乗り出した。それには当然のことながら，企業名と商品ロゴを必要とする。いくつかの案の中から，「ナイキ」が決まり，ロゴについては，美術を専攻する大学生に35ドルで依頼し，今も使われる有名な「翼」デザインを採用した。シューズ製造は，九州にある日本ゴムという会社に委託し，製品の供給を受けて，オニツカには秘密にして販売に乗り出すのである。

日商岩井はいわば「愛人」としての付き合い。一方，正式な関係の「妻」オニツカには献身的な「夫」であることをアピールし，ナイト自身は末長い付き合いを望んでいた。だが，ついに，1972年，オニツカは正式に契約打ち切りという「離婚」を切り出す。その結果として，ナイキは自社ブランドに集中する独立企業となるのである。ナイトは，その頃，30人に増えていた従業員に向かって「独立記念スピーチ」を行う。「もう他社のブランドを売らなくてもいい」，さらに「これは危機じゃない。これは解放だ。私たちの独立記念日だ」と。「見ていろよ，オニツカ」と天井に向かって言った。

その後，オニツカとの関係は契約をめぐる訴訟に発展したが，1974年にナイキは勝訴し，調停案に示された金額をオニツカから受け取ることになる。それにより，銀行からの借り入れを増やし，新たな製造業者を確保し，自社事業の拡大を目指した。

4　事業拡大と窮地

ナイキ製品をより多くの人に知ってもらうための方策は，トップアスリートに身に着けてもらい，広告塔になってもらうことだった。バウワーマンはオリンピックの陸上コーチとしても活躍しており，有名な陸上選手にナイキのシューズを履かせることに成功した。また，テニスの世界で，後に有名になるジミー・コナーズはナイキとの契約を交わす

前に，ナイキのシューズを履きながら，ウインブルドンに優勝してしまう。その結果，契約金が高騰したことから契約自体は成立しなかったということもあったが，いろいろなスポーツ界の選手との契約を交わしていった。

　だが，名実ともに靴メーカーとして事業拡大していた時に，突然，地元のメイン銀行から不渡りを理由に取引停止を告げられるのである。そして，この時にナイキの窮地を救ったのは，日商岩井だった。

　ポートランド支店経理担当のイトー（伊藤忠幸）が本社の了解を得ずに，自分の判断でナイキの借金を全額肩代わりすることを即決した。彼は，社内規則違反であることを承知で行動した。後日談だが，イトーは社内規則を破ったためにクビになりかけたが，担当役員の尽力によりクビは免れた。このとき，彼は地元のメイン銀行の態度について述べている。「何とも愚かなことだ」と。数字ばかりに気を取られて本質を見失っていると感じていた。ナイキとの付き合いを始めることを決めた当事者，日商岩井のスメラギ（皇孝之）は，当時28才。「アメリカに大きなシューズメーカーはなく，ビジネスになる！」と感じ，融資・支援を決め，いく度かのナイキの窮地は日商岩井の担当者の努力により救われることになる。ナイトは言う，「彼らがいなかったら，今のナイキはない」と。

参考：
NHK BS1 スペシャル「ナイキを育てた男たち～"SHOE DOG"とニッポン～」（放送 2018 年 4 月 29 日）
「ナイキを創った男　日本企業との意外な関係」（NHK NEWS WEB, 2018 年 3 月 23 日）
https://www3.nhk.or.jp/news/business_tokushu/2018_0323.html（2019 年 1 月 30 日アクセス）

書を読んだら…まちに出よう！
―企業家編―

大阪企業家ミュージアム～大阪に行こう

　大阪を舞台に活躍した105人の企業家を紹介する施設。松下幸之助，小林一三，安藤百福など，経営のレジェンドたちと出会える。サントリー，グリコ，ハウス食品など身近な企業の，あれも，これも，大阪出身者が創ったものだったのかと驚かされる。また，秀吉や江戸の時代に遡って，大阪商人の先見性，気概を知り，大阪の企業家精神のルーツや企業家を育む土壌の生成について学ぶことができる。展示で紹介されている企業家たちの金言，名言の数々は，ノートに書きとめたくなる。企業家たちの夢やチャレンジ精神にふれることで，あなたも起業したくなること間違いなし！

渋沢資料館～東京・飛鳥山に行こう

　言わずと知れた，日本近代資本主義の父，渋沢栄一。生涯で500もの企業を設立したほか，病院や大学の設立など多くの社会事業に貢献した。彼は，設立に尽力した王子製紙の工場を眼下に見守ることができる飛鳥山（東京都北区）に邸宅を構え，1879年からは内外の賓客を招く公の場として，また，亡くなるまで家族と過ごす生活の場として使用した。飛鳥山公園は桜の名所として親しまれているが，現在そこに，渋沢栄一の生涯と業績を伝える渋沢資料館がある。日本の近代産業，企業の黎明期に彼が残した偉業はもちろんだが，関東大震災後に渋沢栄一が何を考え，どう行動したかも興味深い。

樫尾俊男発明記念館～東京・成城に行こう

　世界中にファンのいる腕時計G-SHOCKを生んだCASIO。創業者の樫尾俊夫は，発明王エジソンに憧れ，兄・忠雄，弟・和雄，幸雄とともに計算機の開発に取り組み，1957年，世界初の小型純電気式計算機「14-A」を完成し，カシオ計算機株式会社を設立した。その後も，電卓，時計，電子楽器等数多くの発明品を世に送り出し，2012年，87歳でその生涯を閉じるまで，313件の特許（共同名義を含む）を取得，まさに日本の発明王である。成城にある樫尾邸は，樫尾発明記念館として公開されている（予約制）。彼が寝食を忘れて篭ったという部屋の中で，発明品の数々とともに，発明王の追及した理想を知ることができる。

PART Ⅱ
組織から
マネジメントを
考える

2-1

よいチームをつくるには？

Story 1

「スイミー」のチームづくり
──メンバーは，どのようにひとつにまとまるのか？──

　20世紀の全般にわたり，アメリカやイタリアを中心に活動した絵本作家の
レオ・レオニをご存じだろうか。おそらく，もっとも有名なのは，彼の代表作
『スイミー』であろう。読者の中には，幼い頃にご両親や幼稚園・保育園の先
生から読み聞かせてもらった記憶があるという人も少なくないであろう。『ス
イミー』の物語，"小さな賢いさかな"の挑戦をもう一度，組織マネジメント
の視点から読みなおしてみよう。

　（あらすじ）この絵本の主人公スイミーは，広い海に仲間たちと暮らしてい
る小さな1匹の魚である。どんな種類の魚なのかは絵本の中では明かされてい
ないが，スイミーの仲間たちは皆，赤い魚体をしているのに対して，スイミー
だけは「真っ黒」であり，他の魚とは明らかに違っていた。しかし，泳ぐのは
どの魚よりも早いという特技をもっていた。

　ある日のこと，スイミーたちに恐ろしい事件が起こる。お腹を空かせた大き
なマグロがスイミーの仲間たちを一匹残らず，飲み込んでしまったのである。
仲間たちとは異なる黒い体をもつせいか，スイミーだけが逃げ出すことに成功
し，その後，スイミーは広い海を新たな住処を求めてさまようことになるので
あった。スイミーはしばらく，暗く，さびしい海の底を孤独に泳ぎ続けた。

　その一方で，広い海には，素晴らしいものもたくさんあった。虹色のゼリー
のようなクラゲ，ブルドーザーのような伊勢エビ，ドロップのようにカラフル
な昆布やわかめの林，桃色のヤシの木のようなイソギンチャクなどである。次
第に元気を取り戻したスイミーは，ある時ついに，自分にそっくりの赤い魚の

群れを発見する。昔の仲間と同じ魚たちとの出会いであった。

　しかし，その魚たちはマグロに食べられることに怯え，岩陰に隠れるばかりで，いっこうに出てこようとしない。一匹でさまよう中で様々な海の素晴らしさに出会っていたスイミーは，彼らを説得する。

　　『でてこいよ，みんなであそぼう。おもしろいものがいっぱいだよ！』

　　『いつまでも そこにじっとしてるわけにはいかないよ』

　仲間たちとの楽しい日々を取り戻すために，スイミーは「うんと考え」，そして「そうだ！」と叫んだ。

　　『みんないっしょにおよぐんだ。うみでいちばんおおきなさかなのふりして！』

　そして，スイミーは仲間たちと「大きな魚のフリ作戦」のための訓練を開始した。みんながバラバラにならないことや，自身の持ち場を守ることなどのルールを徹底するとともに，仲間たちとのコミュニケーションを密にして訓練を主導していくのであった。

　そして，仲間たちが，一匹の大きな魚のように群れで泳げるようになったとき，真っ黒な体のスイミーは，自分が大きな魚の目の部分になることを名乗り出る。スイミーの作戦は功を奏し，朝の冷たい水の中を，昼の輝く光の中を，仲間たちは隊列を守って泳ぐことができるようになり，やがて大きな魚を追い出すことに成功するのであった。

参考：
レオ・レオニ著，谷川俊太郎訳（1969）『スイミー―ちいさなかしこいさかなのはなし』好学社

---

⑦ 考えてみよう！

Q1　スイミーは，なぜ怯えていた仲間たちを説得できたのでしょうか？

Q2　スイミーの作戦が成功した理由は，何だと思いますか？　その理由を思いつく限り列挙してみよう。

Q3　スイミーたちが，1つのチーム（集団）として団結できたのはなぜでしょうか？

Part II　組織からマネジメントを考える

Story 2

「みんなをうまくまとめられません」──リーダーの役割──

　部活動で悩んだという経験はないだろうか？　例えば，「先生や部員との人間関係がうまくいかない…」，「勉強との両立ができない…」，「うまく上達できないから，自分には向いていないのでは…」，「親の期待が重く感じる…」等々。特に，「部長」や「キャプテン」といった，組織のリーダーを経験した人は，悩みも多かったのではないだろうか。

　「高校野球ブラバン応援研究家」を自称するライター兼編集者である梅津有希子氏の著作に『部活やめてもいいですか』という本がある。この本は，中学・高校の部活動（主に吹奏楽部）に悩む生徒たちと，梅津氏とのブログでの"お悩み相談"のやり取りを，Q&A形式で一冊にまとめたものである。その中に，部活動ではよく起こる「リーダーならでは」のお悩み相談があるので，以下にストーリーとして引用する。

　（以下，梅津（2018），25-26頁より抜粋して引用。原文ママ，カッコ内は筆者が加筆）

「リーダーなのに，みんなをうまくまとめられません」
かなこさん（吹奏楽部・高校 2 年）

　（相談）私はパートリーダーをしています。でも，みんなをうまくまとめられなくて…つらいです。楽器を吹くのはいやではありません。でも，メンタルは弱いし，人間関係もうまくいかないので，たびたび学校を休むようになってしまいました。

　親に相談すると，部活を辞めることに賛成してくれました。でも，顧問の先生にやめたい気持ちを打ちあけると，

　「つらいのはおまえだけじゃない。みんなも同じなんだから，がんばれ」
と引きとめられました。

　パートリーダーなのにやめたいなんて自分が無責任に思えて，気持ちが沈み，引きこもりがちになってしまっています（同書，25頁）。

2-1 よいチームをつくるには？

（梅津氏からのアドバイス）かなこさんはまじめでがんばり屋さんなのですね。でも，そんなに責任感を持たずに，まずはもっと音楽を楽しんでほしいなぁ，と思います。

必ずしも，リーダー＝全員を引っぱる存在，というわけではありませんよ。「リーダーだからしっかりしなきゃ。」と思わずに，みんなの力を借りて，全員で一つのパートを作り上げていけたら，それもまたすばらしいリーダーです。たくさんのパートリーダーを見てきましたが，「みんなをまとめた」と自信を持って言えるリーダーなんて，そうそういないと思いますよ。（同書，26頁）。

かなこさんの悩みは，さまざまな組織でリーダーの役割にある人の悩みとも共通している。それに対する梅津氏からのアドバイスは，さて，会社で働く人に対しても有効だろうか。

参考：
梅津有希子（2018）『部活やめてもいいですか』講談社青い鳥文庫

---

⑦ 考えてみよう！

Q1 吹奏楽部のパートリーダーが「リーダーとして果たすべき仕事（役割）」とは，どのようなものでしょうか？　思いつく限り列挙してみよう。
Q2 それらの中で「最も重要だ」と思われる仕事（役割）は，どれでしょうか？
Q3 部活動では，よく「メンバーが言うことを聞いてくれない」，「一体感がなくバラバラ」といったことが起こります。これらが生じる理由を考えてみよう。

📖⑦ 調べてみよう！

Q1 図書館に行き，『経営学辞典』などの本で，次の用語の定義や意味を調べてみよう。できれば，複数の辞書や本で調べて，解説の違いを比較しよう。
用語：「組織」「チーム」「モチベーション」「リーダーシップ」
Q2 「マネジメント」と「リーダーシップ」という概念を違いについて，両者の違いを自分の言葉で説明できる（他者に説明できる）ようになるまで，調べてみよう。

【解説】

1 組織の3要素

　スイミーが仲間たちをまとめ「大きな魚のフリ作戦」を成功に導いた要因を経営学の視点から考察すると，次の2点の要因を指摘することができよう。

　第一に，スイミーがきちんと「マネジメント」を行ったという要因を挙げることができる。坂下昭宣によれば，会社経営の仕組みは「**3つのマネジメント活動**」から成り立っている。すなわち，①戦略を立てる，②組織を作る，③人を動かす，の3つである。これらをスイミーの行為に当てはめると，①「大きな魚のフリ作戦」を提示し，②それぞれの持ち場を守るなどのルールを作ることで魚の群れを「チーム」にし，③訓練を主導したり，自らが目になって仲間を引っ張っていった。スイミーの行為は，まさにマネジメントそのものである。

　第二は，スイミーが怯えていた仲間たちを説得し，単なる魚の群れを「組織（チーム）」として機能させた点を挙げることができる。"近代組織論の父"といわれるバーナード（C. I. Barnard）は，組織を「2人以上の人々の意識的に調整された活動ないし諸力の体系」と定義し，そのような組織が成立するためには，3つの要素が必要であると主張している（**組織の3要素**）。すなわち，①メンバーが有している共通の目標，②メンバーの貢献意欲，③メンバー間のコミュニケーションである。人間の集団がただの集まりではなく，「組織」として機能していくためには，メンバーの相互作用が必要不可欠であり，その前提となるのがこの3要素である。

3つのマネジメント活動：
組織は，会社であれ，スポーツチームであれ，組織の目標に向かって，その実現のための方策や道筋を立て（①戦略を立てる），その戦略を実現するために相応しいと思われるメンバーを集め（②組織を作る），メンバーがバラバラにならないように，リードしたり，活動の調整を行ったり，やる気を高める工夫をしたり，成果に対しては報酬を払うなどしている（③人を動かす）。マネジメントとは，この3つを行うこと。

組織の3要素：
バーナードが提唱した，人間の集団が組織やチームとしてまとまるために必要な3つの要素のこと。これら3つ全てを満たす必要がある。組織のおかれた状況によっては，さらにもうひとつ，④メンバー間の諸活動の「意識的な調整努力」も加え，4要素が必要とする考え方もある。

スイミーは，①マグロを追い出して広い海で遊ぶという共通目標を示し，②海には面白いものがたくさんあり，岩陰から出ればそれを享受できるという報酬を仲間に理解させて貢献意欲を引き出し，③ルールを作り，リーダーシップを発揮してコミュニケーションをとりながら訓練を進めていった。

2　モチベーションの「始発と保持」

スイミーは「3つのマネジメント活動」を行い，集団を組織にすべく「組織の3要素」を整備した。これに加えて，組織が目標を達成するためには，メンバーの**モチベーション**も重要になってくる。そもそも組織のメンバーのモチベーションを高め，維持するにはどうすれば良いのだろうか？

心理学者のデシとライアン（Deci, L. & Ryan, M.）は，人間の動機づけ（モチベーション）は，「興味」「熟達（上手くなりたい）」「楽しい」といった心理的欲求によって"始発"し，「自立性（autonomy）の欲求」「有能性（competence）の欲求」「関係性（relatedness）の欲求」によって"保持"されると主張している。つまりモチベーションの始発段階と保持段階では，心理的な欲求が異なるという考え方である。

スイミーの物語の中でも，仲間たちのモチベーションが始発段階にあるときは，「広い海で遊ぼう」「海には面白いものがたくさんある」といった"興味"や"楽しさ"に基づいたスイミーの説得によって喚起されていることを読み取ることができる。一方，モチベーションの保持段階では，自分の持ち場を守り責任を果たしたい（自立性の欲求），

モチベーション：
動機づけ，あるいは士気，意欲，やる気そのもののこと。行動のエネルギー，方向，持続性を説明する概念。「動因」（人の内面にある欲望や願望）と『誘因』（人の外部にある意欲を引き出す刺激）の適切な組み合わせによって決まると考えられている。

行動をやり遂げる機会を持ちたい（有能性の欲求），仲間と連帯したい（関係性の欲求）といった心理的欲求（**内発的動機づけ**）によって，モチベーションが継続していくことになる。

3　動機づけ要因と衛生要因

　ハーズバーグは「動機づけ・衛生理論（二要因論）」によって，やる気の源となるような職務満足につながる「動機づけ要因」と，仕事への不満発生を予防する「衛生要因」とは，別々に存在していることを明らかにした。つまり，職場での不満の反対は「満足」なのではなく，「不満ではない」にすぎない。不満の要因を取り除いただけでは，「満足」にはならない。したがって，リーダーは図2-1-1に示された二つの要因の両方に対して，善処する必要がある。特に，組織のモチベーションの維持・向上に対しては，メンバーの「動機づけ要因」（若者の言葉ではアゲの要因？）を的確に把握し，それを提示しなければならない。何が「動機づけ要因」になるのかは，国ごと，職場ごと，あるいは，人ごとにも異なっている。

内発的動機づけ：
動機づけには「外発的動機づけ」と「内発的動機づけ」の2つがあるとされている。外発的動機づけは行動の要因が評価・賞罰・強制などの人為的な刺激によるものである。内発的動機づけは行動要因が内面に湧き起こった興味・関心や意欲によるものである。

ハーズバーグ：
F. Herzberg 1923-2000。米，心理学者。専門職を対象に，職務の動機づけに関する心理的研究を行い「二要因理論」を発表。その後さまざまな研究者により実証研究が行われたが，ある要因は，状況により動機づけ要因にも衛生要因にもなり，普遍的な要因として決定はできなかった。だが，彼の研究は，マネジメントにおいて職務満足・充実が注目される契機となった。

図表 2-1-1　動機づけ－衛生理論の研究成果

動機づけ（motivation）要因	衛生要因
仕事の達成	上司からの監督
仕事の達成に対する承認	会社の政策と経営
仕事そのもの	作業条件
責任	職場の人間関係
昇進	身分とその保障
成長（自己実現）の可能性	給与

出所）Herzberg, F.（1966），『仕事と人間性—動機づけ－衛生理論の新展開』を基に筆者作成。

4　リーダーとして果たすべき2つの仕事

　次に，Story 2について読み解いていきたい。パートリーダーとして，みんなをまとめたり，引っ張ることが出来ずに悩んでいる相談者のかなこさんに対し，梅津氏は，『必ずしも，リーダー＝全員を引っ張る存在ではない』というアドバイスを送っている。確かに，**リーダーシップ**研究においても唯一最善のリーダーシップスタイルがあるわけではないことが繰り返し主張されてきた。では，リーダーが組織の中で果たすべき仕事（役割）は何であろうか？

　コッター（J. P. Kotter）は，リーダーの仕事は究極的には2つに集約されるという。ひとつは，「アジェンダ・セッティング（議題の設定）」で，もうひとつは「ネットワーキング（ネットワークづくり）」である。アジェンダ（議題）とは，組織が直面する問題や課題に対して「解決すべき問題を大まかに決めて，具体的に戦略を立てて解決の方向性を示すこと」（小野 2013）であるという。つまり，様々な課題がある中で，"いま，自分たちがやるべきことはコレ！"と**フォロワー**に提示することが，リーダーの第一義的な仕事であるといえる。

　もうひとつの「ネットワーキング」とは，アジェンダの解決に向けて，リーダーが組織の内外につくる「人とのつながり」のことである。例えば，組織内の上司・部下・他部署との関係づくりであったり，組織外の**ステークホルダー**との良好な関係を構築し，アジェンダの解決に向けた資源調達のネットワークを構築することを意味する。

　したがって，パートリーダーとしてのかなこさん

リーダーシップ（定義）：
リーダーシップの定義は，それを研究する研究者の数ほどに存在すると言われているが，「リーダーがフォロワーに意識の変化を積極的に及ぼす行為」という点は，ある程度共通した定義といえよう。また，経営学者の野中郁次郎は，「目標達成に向けて人々に影響をおよぼすプロセスである」と定義している（野中郁次郎（1983）『経営管理』日経文庫）。

コッター：
John P. Kotter 1947-。　米，バーバード・ビジネススクール教授。リーダーシップ論の第一人者とされる。マネジャーとリーダーの違いや，組織変革におけるリーダーの役割を説いている。

フォロワー：
リーダーの対語語。リーダーの周辺でリーダーを補佐し，リーダーの命令や指示に従う人々のこと。端的に言えば，リーダーに「まとめられる」人々のこと。

ステークホルダー：
Part III 3-1（129頁）参照。

Part II　組織からマネジメントを考える

の仕事は，①メンバーの意見を聞きながら，いま最も優先して取り組むべき課題（アジェンダ）を示すことと，②顧問の先生や他のパートのリーダー，必要と思われる部外関係者と良好な関係を築き，自分たちのパートの課題解決に向けて協力者のネットワークを整備しておくこと，の2つであると考えられる。

5　リーダーがもつ "パワーの源泉"

　ところで，Story 2のかなこさんは，まだ高校生であるし，リーダーとして未熟だから，このような悩みを抱えることになったのだろうか？　経営学的に考えると，その答えは否である。実は，部活動のリーダーは他の組織（例えば会社）と比較しても，非常に難しいといえる。

　リーダーがフォロワーに対して，命令や指示を下すことができる所以は，リーダーが彼らに対して発揮できる "リーダーならではの力（パワー）" を有しているからである。組織論では，これを「**影響力の源泉**」と呼んでおり，次の5つの力がある。

影響力の源泉：
リーダーがフォロワーに対して発揮することができる力（パワー）の源のこと。

① 　合法力：組織（会社やチーム）から与えられる公式的権限から生じる力

② 　報酬力：フォロワーに報酬を与えることが許されていることから生じる力

③ 　強制力：フォロワーを処罰することが許されていることから生じる力

④ 　専門力：リーダーがもっている専門的知識や経験から生じる力

⑤ 　同一力：フォロワーが「このリーダーと働きたい」と思うことから生じる力

2-1 よいチームをつくるには？

　通常，企業のリーダーがもつ②や③の力をかなこさんは持っていない。部活動のリーダーは，そもそも保有する影響力の源泉が少ないために，フォロワーの行動をコントロールすることが難しいと考えられる。リーダーが十分な仕事をするためには，メンバーに対して有効な力（パワー）を持っていることが不可欠なのである。また，管理原則の「権限と責任の一致」に鑑みれば，リーダーがその責任を果たすためには，必要な権限が与えられていることも条件となる。かなこさんが，「みんなをうまくまとめられない」のは，自身の能力の問題だけではなく，彼女の持つパワーや権限に関係している。必ずしも，ひとりで全ての種類の影響力の源泉を持っていなければならないのではなく，もし，パワーが足りないのであれば，さまざまなパワーを持つ者たちと相互補完的に活動することもできるし，徐々にパワーを増やしていくようにすることもできる。

【参考文献】
小野善生（2013）『最強の「リーダーシップ論」集中講義』日本実業出版社。
坂下昭宣（2014）『経営学への招待』白桃書房
Deci, J. & Ryan, M.（2002），*Handbook of Self-Determination Research*, University of Rochester Press.

2-2
活力ある組織をつくるには？

Story 1

星野リゾートによるホテル再生
──従業員エンパワーメントと組織再設計──

　日本国内のホテル業界では，リッツ・カールトンなどの米国系ホテルチェーンやペニンシュラなどの香港系ホテルチェーンが国内に次々と参入し，激しい競争が繰り広げられている。このような激しい競争の中でも星野リゾートは，軽井沢の一温泉旅館から出発し，現在では，国内屈指のホテルチェーンになりつつある。

　星野リゾートが国内屈指のホテルチェーンとして，急速に成長している理由は，現社長の星野佳路氏による組織設計とその理念によるところが大きい。その結果，国内高級ホテルというセグメントにおいて，星野リゾートはリッツや帝国ホテルに次ぐ，高い満足を顧客から得ている。

　星野リゾートの特徴のひとつは，ホテルの運営に特化している点である。国内のホテルチェーンは多くの場合，ホテルを資産として保有し，かつその運営も担うことが多い。しかし，星野リゾートはホテルを資産として保有せず，他の会社がホテルを保有し，ホテルの運営だけを担う。

　星野リゾートのもうひとつの特徴は，旅館やリゾート施設の再生を手がけている点である。2009年に熱海の老舗旅館「蓬莱」を**リストラクチャリング**し，「界熱海」として共同運営した例は，星野リゾートが再生を手がけた典型例である。

　これら2つの特徴は，星野リゾートの組織設計とその理念とに密接に関連している。それは，従業員による**エンパワーメント**にもとづくセルフマネジメントチームを主体とした組織設計である。

　まず，星野リゾートは，ホテルを資産として保有していないため，文字通り

所有と経営を分離し，あくまで専門的にホテルの経営だけに特化している。そうすることによって，ホテルを顧客のために自律的に経営することができる。

　その上で，星野リゾートが取り組んだのが組織の再設計である。多くの場合，名門ホテルや老舗旅館は，その立地や歴史によって高いブランド力を有しているにもかかわらず，倒産にいたってしまう。そこで，もう一度，従業員たちをエンパワーメントすることによって，顧客満足につながるノウハウを再結集させ，セルフマネジメントチームを主体とした組織を再設計する。そのことによって，名門ホテルや老舗旅館はさらなる飛躍を見込むことができる。

　一見，どのホテルでもできると思われる事であるが，星野リゾートは，それを徹底して行った。それゆえに，国内外のホテルチェーンには決してまねすることのできない組織を作り上げることに成功したのだ。

星野リゾートの会社沿革	
1914 年	星野温泉旅館開業
1991 年	現社長（4 代目）星野佳路氏就任
1995 年	株式会社星野リゾートに社名変更
2001 年	経営破綻したリゾート再生に着手
2005 年	星のや軽井沢の開業
2016 年	東京・大手町に星のや東京開業
2017 年	星のやバリ開業

参考：
Blanchard, K., Carlos, John P. & Randolph, A. (2001), *Empowerment Takes More Than a Minute*, Berrett-Koehler Publishers. (星野佳路監訳，御立英史訳『社員の力で最高のチームをつくる―〈新版〉1 分間エンパワーメント』ダイヤモンド社，2017 年)
「星のやモデル、アジアへ、初の海外、バリで宿泊施設開業、現場の創意で独自プラン（ビジネスTODAY）」『日本経済新聞』2017 年 1 月 21 日朝刊
星野リゾート HP「私たちについて」(https://www.hoshinoresorts.com/aboutus/，2019 年 4 月 27 日アクセス)

---

⑦ 考えてみよう！

Q1　なぜ星野リゾートは国内および海外の観光客から高い満足度を得ているのか？
Q2　なぜ星野リゾートは他のホテルチェーンとは異なり，新しいホテルの建設ではなく，老舗旅館の再生を行うのか？

Part II 組織からマネジメントを考える

Story 2

JR東日本の駅ナカ商業施設エキュートの挑戦
─新規プロジェクトによる組織活性化─

　駅の改札に入って，ショッピングを楽しむ。駅の改札を出る前に，食事を楽しむ。JR東日本が，このような機能の商業施設エキュート（ecute）をはじめて駅構内に開業したのは2005年，埼玉県にある大宮駅でのことである。その後，駅ナカという言葉の普及とともに，エキュート（ecute）は社会から広く認知されるようになった。

　ecuteとは，駅（eki）を中心（center）に，あらゆる人々（universal）が集い（together）楽しむ（enjoy）"快適空間"に生まれ変わることを願う意味を込めた造語である。このエキュート（ecute）は，大宮駅からはじまり，東京駅，品川駅などの主要駅の構内10施設にまで拡大している。JR東日本の売上はエキュート（ecute）やグランスタなどの商業施設で約3割を占めることとなり，駅ナカの商業施設は鉄道事業に並ぶ，JR東日本の大きな事業の柱にまで育っている。

　JR東日本は鉄道事業の売上げが伸び悩み，今後，少子高齢化で売上げの低迷が予想されていた。その中で，駅という多くのひとびとが集う場所を最大限に活用しつつ，鉄道事業以外に新しい事業を手がけることが必要であった。そこでJR東日本は，2000年に「ニューフロンティア21」という中期経営構想を発表し，その中で，「ステーションルネッサンス」という事業戦略を打ち出した。

　この事業戦略では，駅の可能性を引き出し，顧客の利便性を向上させることを目標にしていた。つまり，駅を利用するひとびとを，これまでのように旅客としてとらえるのではなく，顧客としてとらえ直すことを意味する。この大きな転換の結果のひとつとして成功したのが駅ナカ事業のエキュート（ecute）であった。

　このエキュート（ecute）を立ち上げるためにプロジェクト・リーダーに抜擢されたのは若手，管理職未経験，女性，デパートに出向経験ありの鎌田由美

子氏であった（現在（2019），鎌田氏はカルビーの執行役員）。そしてこの**プロジェクト**のメンバーには社内およびグループ会社から公募をし，20名ほどの若手メンバーが集まった。

　このプロジェクトで議論を重ねた結果，会社帰りの20から30歳代の女性を顧客のターゲットに設定した。そしてこの世代とその地域の顧客に合致し，手の届く価格帯で高級感のある商品の提供をエキュート（ecute）のコンセプトにした。そしてこのコンセプトに合わせた出店先を一からプロジェクトのメンバーが見つけ出し，取引の交渉を重ねていった。エキュート大宮が完成して以来，大宮駅で下車する乗客が1日平均8,000人増加していると言う。

　現在，エキュート（ecute）は必ずしも駅ナカにこだわらない。このエキュート（ecute）と言うブランドを駅の外まで展開しようとしている。たとえば，マーチエキュート（mAAch ecute）神田万世橋は，中央線神田の御茶ノ水間にあった旧万世橋駅をリノベーションし，商業施設になっている。

参考：
エキュートHP（https://www.ecute.jp/）
JR東日本グループ「社会環境報告書 2005」
「仕事人秘録　駅の中に街を創る」『日経産業新聞』2010年3月16日

---

⑦ 考えてみよう！

Q1　なぜJR東日本は駅を利用するひとびとを旅客から顧客に転換する必要があったのだろうか。

Q2　なぜJR東日本はエキュートという新しいプロジェクトを成功させることができたのであろうか。

調べてみよう！

Q1　星野リゾートが再生を手がけた旅館やホテルのHPを検索し，その旅館やホテルの面白い取り組みを3つ取り上げてみよう。

Q2　JR東日本HPから最新の有価証券報告書をダウンロードし，その報告書に記載されている売上における各事業における構成比率を調べてみよう。

【解説】

1　リストラクチャリング

　リストラと聞くと，人員削減を意味し，会社都合によって従業員に直接解雇を言い渡すことを意味する。近年では早期退職など，解雇よりもマイルドな方法が採られることが多い。

　リストラによって，事業をスリム化し，再生へと導く。リストラが成功すると，業績がV字回復する。シャープなどは好例で，一部の事業や工場を他社に売却することを通じて事業を再生する。

　しかし星野リゾートはリストラのような人員削減を行わずに，事業，具体的には，老舗旅館の再生を行う。このような事業再生こそ，いわゆるリストラとは異なる，本来の**リストラクチャリング**の意味である。

　たとえば，熱海の老舗旅館のリストラクチャリングでは，まず直接，星野社長が破綻した旅館の従業員にだれも解雇するつもりが無いことを言い渡す。そして，従業員自らにリストラクチャリングする自覚も持たせた。そのことが再生の第1歩であると星野社長は考えたのである。

> リストラクチャリング：
> 事業構造の再編成を意味する。多くの場合，不採算事業から撤退し，成長事業に経営資源を集中させる。

2　組織のフラット化

　企業という組織を思い描くとき，多くの階層構造を備えている大企業を想定することが多い。わかりやすくいえば，社長を頂点にしたピラミッド型の組織である。

　このピラミッド型組織では，社長が直属の部下に命令を下し，その命令は末端の部下まで届く。そし

て部下はその上司の命令を実行し，その結果を上司に報告する。その上司はさらに上司へと報告し，最終的には社長に報告が届く。社長はその報告をもとにさらなる命令を下す。階層構造では，たえずこうした命令と報告が繰り返されている。

しかし，階層における社長の命令から現場の報告まで届く時間は，企業が大きくなればなるほど，長くなる。常に顧客や他社が変化しているにもかかわらず，階層構造において部下は即座に対応できず，社長の命令を待ち続ける。

現在，顧客や他社という事業環境の変化はますます激しくなっている。変化の激しい事業環境において，中間管理職を排除し，命令から報告，報告から命令まで時間をできる限り短縮しなければならない。つまり，即決即断できるように組織をフラット化しなければならない。その結果，上司による部下への権限移譲が進み，現場の部下は自分で決断し実行する。

3　専門化

組織の設計もしくは再設計をする上で，経営原則のひとつである専門化は鍵となる概念である。専門化によって，仕事を専門的に個人や集団に分解し，組織の能率を高めることができる。

しかし，サイモン（H. A. Simon）は「この専門化は効率的な経営の条件ではない」と批判している。つまりやみくもに専門化によって組織を設計および再設計することではなく，組織を設計するために「どのような方法で専門化し，効率性を高めるか」を熟慮することが不可欠であることをサイモン

は唱えている。

多くのホテルでは，料理は料理担当，宿泊は宿泊担当，予約は予約担当，清掃は清掃担当といったように専門化を進める。しかし星野リゾートでは，どのような専門化が望ましいかを検討し，その上で，小規模なホテルに見合う専門化を考案し，マルチタスク管理を実現している。そのことによって必要な情報が現場の従業員間で共有可能であると考えたためである。

4　エンパワーメント

エンパワーメントとは，「社員が持っているパワーを解き放ち，それを会社の課題や成果を達成するために発揮させること」である。そのために，「正確な情報を全社員で共有する。境界線を明確にし，自律的な働き方を実現する。階層組織をセルフマネジメントチームに置き換える」。

星野リゾートが老舗旅館を再生する上で，まず行ったことは，エンパワーメントであった。熱海の老舗旅館では，再生のための共同運営が決まった後，エンパワーメントの第一歩として，社長から直接，全社員を雇用し続けることを伝え，全社員による正確な情報の共有を行った。このエンパワーメントによって，老舗旅館の従業員はこれまで蓄積してきた豊かな経験を語り始め，現場での様々の知恵をお互いに出しあい，旅館を再生していった。

5　大企業病

国鉄の分割民営化によって生まれたJR東日本は，その後も，鉄道事業をメインに展開してきた。しか

しながら，鉄道以外の輸送手段が多様化し，また少子化など人口の大幅な増加を望めない中，鉄道を利用する旅客数の減少を避けることができなかった。鉄道事業だけでは今後，会社の成長を望むことはできず，その他の事業に乗り出す必要性があった。

しかし，鉄道事業から他事業への転換は容易ではなかった。進出したいくつかの事業は撤退を余儀なくされた。また，乗り出そうとし，構想を練っていた事業は立ち消える結果となった。

JR東日本にかぎらず，会社の規模が大きくなればなるほど，大企業病と呼ばれるような症状がみられる。大企業病の兆候として典型的に現れるのは，よく**官僚制の逆機能**のひとつとして取り上げられる，**セクショナリズム**である。

JR東日本では，これまで基本的にひとつの駅ビルにひとつの会社が作られ，その会社が駅ビルの運営にあたってきた。それゆえルミネなど一部の駅ビル会社をのぞき，それぞれの駅ビルではそれぞれのビルを管理するノウハウしか蓄積できない。駅ビル会社が相互に管理のノウハウを交換することは起こらない。

それぞれの駅ビル会社が自分たちの管理だけに専念するというセクショナリズムが更に進めば，自分たちの駅ビルの利益だけを考え，JR東日本全体の利益を無視する。当然のことながら，本来同じ業界のはずである，変貌する小売業の環境変化について行けない。例えば，本来，立地に恵まれているはずの駅ビルは，百貨店などの競合相手であるにも関わらず，駅ビルはほとんど百貨店から競合相手と見なされなかった。

官僚制の逆機能：
官僚制は効率的に目標を達成できる組織の代名詞であったが，官僚制が持続していく中でセクショナリズムなど弊害が生じると指摘している。

セクショナリズム：
会社全体の利益より，部門の利益を優先させる，もしくはグループ全体の利益より，それぞれの会社の利益を優先させることである。

Part II 組織からマネジメントを考える

6 社内公募

大企業病が現れるような企業では，新しい発想も生まれず，事業転換はままならない。JR東日本は従来の企業文化から脱却し，鉄道事業という柱だけでなく，生活サービス事業をもうひとつの柱として掲げ（もうひとつの柱はSuica事業），2000年に「ニューフロンティア21」という中期経営構想を提示した。

この中期経営構想の下に策定された事業戦略が，「ステーションルネッサンス」である。そしてこのステーションルネッサンスの足がかりとなるプロジェクトが，2001年に発足した「立川駅・大宮駅開発プロジェクト」である。このプロジェクトは当初，JR東日本の事業創造本部が主体となり，その後，JR東日本ステーションリテイリングというJR東日本の子会社の設立にともない，移管される。

このJR東日本ステーションリテイリングが設立される以前のプロセスは注目に値する。この子会社の設立以前は，JR東日本のプロジェクト・チームなのであるが，若手の女性をリーダーとし，**プロジェクト・チーム**の人選をはじめてグループ内で公募した。このグループ内公募は，子会社から親会社への出向を可能にしている。社内公募制や**社内FA制度**は，多くの企業が採用しているものの，子会社から親会社への出向も可能にする社内（グループ内）公募制はほとんど存在しない。またこの公募で採用された社員は3年前後で元の会社に戻ることを条件としている。JR東日本は，この社内公募制を通じて，大きく企業文化を転換しようとする考え方が見て取れる。

プロジェクト・チーム：
何らかの目的を達成するために集められた集団のことを呼ぶ。長期的な目標よりむしろ短期的な目標を達成する，そして緊急性のある課題を解決することを目指している。

社内FA制度：
通常の人事とは異なり，従業員が自ら配属を志望することができる制度である。これまでの年功序列の人事制度を打破する一施策であるということができる。

7　社内ベンチャー

　駅ナカ事業ecuteの社内公募制では，公募対象を入社3年目以上で，35歳以下という若手従業員に絞っていた。若手従業員を活用し，組織を活性化しようとする取り組みは，ecuteにとどまらない。

　例えば，1986年にスタートした**社内ベンチャー制度**を2000年に刷新し，「J-Tomorrow」と名付け，「人材の発掘・育成」や「生活サービス事業の拡大」に取り組んでいる。

　J-TomorrowはJR東日本の事業創造本部の中に事務局を設置し，書類のチェック，本人との面談，半年に及ぶ詳細な事業性調査という三段階で進む。採算面を徹底的にチェックした上で事業化を行い，事業化後も定期的に採算面をチェックする。

　2000年度から2006年度の間に，約1,600件の応募があり，駅の定食屋「ちゃぶぜん」，会員制Suica私書箱サービス「えきあど」など，5件の事業化を行っている。

　しかしながら，応募の中で事業化にこぎつけたのは0.3％にすぎない。また事業化第4弾のスペイン風バーから第5弾の私書箱サービスまで，約3年の期間がたっている。第5弾から第6弾の缶詰バーまで約5年の期間がたっている。社内ベンチャーを通じた組織活性化もまた容易ではないことがわかる。

社内ベンチャー制度：
特に大企業ではこれまでの事業が成熟していく中で，新規に事業を展開することが求められる。そこで新規事業を新たな企業の中核にしていくことを目指し，既存の企業内でベンチャーを育成する制度である。

【参考文献】
鎌田由美子（2007）『ecute 物語』かんき出版
『日経情報ストラテジー』2008年3月号
『日経産業新聞』2004年9月16日
『日経流通新聞』2005年4月6日，2006年3月13日

2-3

組織は戦略に従うのか？

Story 1

Amazonの戦略──ネット書店として市場をつかむ──

　ほとんどの人が一度は，Amazonを利用したことがあるだろう。多種多様なジャンルの商品がそろっているため，とても便利なインターネットショッピングサイトである。こうしたインターネットを通じたショッピングのサービス形態をEC（エレクトロニック・コマース）と呼ぶ。今日ではECは，実店舗を持つ小売業の脅威として台頭してきている。

　現在ではECを代表する大手のひとつであるAmazonだが，創業当初は書籍だけを取り扱うインターネット書店としてビジネスをスタートさせた。また，品揃えも実店舗の書店のように話題の書籍を取り揃えるのではなく，専門書や過去に出版された書籍など需要が薄い間隙な市場（ニッチ市場）を狙ったものであった。Amazonが成功した鍵のひとつとして，このようなニッチ市場に商機を狙って利益を創出していく**ロングテール戦略**が挙げられる。

　まず，なぜAmazonがインターネット書店としてビジネスをスタートさせたかについてみていこう。Amazonの創業者のひとりであるベゾス氏は，ECビジネスを立ち上げる以前から，今日のように多種多様なジャンルの商品を扱うサイトを開こうとしていた。しかし，AmazonがECとしてビジネスを始めるにあたって，設備が不完全であったことから食品などを扱うことは難しかった。こうしたことから，一説では腐らないものとして選ばれたものが書籍という話もある。一方で，ECで販売可能かつ成長が見込まれる商品としてCDやPC関連品をリストアップした中から，文学の世界的な影響力などを加味して，書籍を選んだという話もある。

　こうしたなか，インターネット書店としてスタートしたAmazonは，開業当初の売上げが1日当たり5，6件程度の注文しかなく，けっして好調な滑り出

しとはいえなかったものの，インターネットが普及していくタイミングと重なったことが功を奏して，1年もしないうちにインターネット書店としての地位を確立することができた。

このような成長を遂げられた背景には，取り扱う商品に書籍を選んだこと，すなわち他の書店では取扱いのない書籍を販売するロングテール戦略を採用したことがECの特性とマッチングしたことが挙げられる。需要が薄い書籍であっても，一定数の買い手がいる市場を手広く押さえることで，店舗型書店ではカバーしきれない顧客層に商機を見いだした。また，書籍を扱ったことで，販売前の在庫面積をそれほど必要としなかった点など，スタートアップ時点で不十分だった在庫管理という点でマイナスにならなかったことも大きい。実店舗を持たないインターネット書店でなければ，これらの点を実現できなかったのだ。

インターネット書店としてビジネスが軌道に乗り，順調にAmazonの企業規模が拡大していき，市場での存在感も次第に大きくなっていった。取り扱う商品も書籍だけでなく，さまざまな商品を取り揃え始めるとさらにAmazonを利用する顧客や，既に利用していた人たちの利用頻度が増加していき，私たちがよく知る今日のようなAmazonへと成長していった。

現在では，日本国内での事業規模をみても，大手百貨店を凌ぐ売り上げを誇り，さらにECに絞ってみると僅差ながらも楽天よりも高い市場シェアを獲得し，寡占状態を築いている。ECにとどまらず，存在感を発揮しているAmazonが現在の地位を確立している背景には，Amazon社内における戦略的なEC部門への投資が大きな要因のひとつである。しかし，Amazonのスタートアップ当時に採ったロングテール戦略があっての今日であり，組織が戦略に従った結果であると言えよう。

---

⑦ 考えてみよう！

Q1　店舗型書店に対するAmazonの優位性について考えてみよう。
Q2　インターネットが小売業や流通業に与える影響について考えてみよう。
Q3　なぜこれまで一部の商品に売上が集中していたかについて考えてみよう。

Story 2
Amazonが打つ次の一手──戦略が組織に従うビジョン──

　Story 1では，Amazonの創業当初から現在のようにEC市場で優位を獲得するまでをみてきた。そこには，ロングテール戦略に基づいたAmazonという組織があり，インターネット書店から巨大ECまでの成長を支えた根底が垣間見えた。そこで，Story 2では，ECを支えている多額投資の象徴であるAWS（Amazon Web Service）について考える。

　現在のAmazonにおいて，利益を上げる心臓部ともいえるAWS。まずは，このAWSとは何なのかを説明する。

　ECビジネスを行なうためには，大量の情報を管理する必要がある。例えば，1件の注文だけをみても，発注を受けてから商品の手配・確保，料金支払の確認，発送などいくつものタスクをこなさなければならない。

　このタスクを1日に数件〜数十件程度を処理するだけならば，手作業でもできなくはないだろう。しかし，Amazonのユーザー数の多さや地域，そして取扱商品の種類などを考えると，これらのタスクを人手に頼るならば，とんでもない人数がいなければ対応しきれない。そこで，Amazonがビジネスを円滑に進めるための，社内用システムとして開発したものがAWSである。

　Amazonに限らず，他の企業でも社内にシステムを持つ企業は多いだろう。しかし，AWSというシステムで特に着目すべき点は，"**クラウド**"であるということだ。このクラウドという仕組みこそ，Amazonが更なるビジネスの領域を広げる鍵となったのである。

　クラウドであるということは，インターネットにアクセスできる環境さえ整っていれば，いつ・どこで・誰であっても利用が可能であると同時に，タイムラグなく同じデータを共有できる。これは，Amazonビジネスを行ううえで，大きなアドバンテージであった。そして，AWSのシステムは他社からみても非常に魅力的なシステムでありながら，模倣が困難なシステムであった。

　通常，コンピュータシステムで用いられるサーバーは，社内に保有され，そこでデータの保存や取出しを行ってきた。現在でも，サーバーを自社内で保有

している企業や組織も多い。しかし，サーバーを持つということは，常に電気代等の費用の他に，支障なく運用するための多額のメンテナンス費用が一定周期で生じる。一方で，企業にとってみれば，サーバーがなければ，特に大規模なシステムを運用することができないことが，ジレンマとなっていた。

そこに新たなビジネスチャンスを見出したAmazonは，社内で活用していなかったAWSの余剰分を売り出したのである。Amazonとしては，持て余していたAWSシステムの余剰分から収益を見込める一方で，他社の立場からみるとサーバーを自社保有せずともコンピュータを使用することができるため，結果的にwin-winの関係を築けた。

はじめの頃のAWSは，余剰分を売り出したのだが，本格的にクラウドコンピューティングサービスとしてビジネスに参入すると，世界の各地にデータセンターを設置し，瞬く間にクラウドコンピューティングサービス業界において圧倒的な市場シェアを獲得した。その勢いは，後追いする形で参入してきたAzure（Microsoft）やGoogleでも並ぶことすら困難なほどである。また，Amazon全体でみても，AWSはEC部門よりも高い利益率を誇っている。

ここまでの話から，Amazonの社内システムであったAWSを商品として売ることで新たなビジネスの場を作り出したことがわかる。近年では，FBIもAWSを導入したことで信頼度もさらに増している。以上から，Amazonが採る戦略が組織に従った構図が見えてきただろう。

---

⑦ 考えてみよう！

Q1　クラウドシステムを用いることのメリットについて考えてみよう。

Q2　多くの企業が重要なデータを他社のサーバーに保存する理由について考えてみよう。

Q3　戦略の変更が組織にどのような影響を与えるかについて考えてみよう。

---

⑦ 調べてみよう！

Q1　他にどのような企業がロングテール戦略を採用しているかを調べてみよう。

Q2　現在ではどのようなクラウドサービスが普及しているかを調べてみよう。

Q3　同じ業界で実店舗とインターネット販売をしている企業を比べてみよう。

【解説】

1 「組織は戦略に従う」とは

「組織は戦略に従う（Structure follows strategy)」とは，アルフレッド・チャンドラー（Alfred D. Chandler Jr.）が 1962 年 の 著作 *Strategy and Structure*（邦題『組織は戦略に従う』）で述べた言葉である。果たして「組織は戦略に従う」とは，本当に戦略（環境変化への適応）が公式組織（企業内部の組織構造）を規定するという意味なのかをまず見ていく。

『組織は戦略に従う』は，デュポン，ゼネラル・モーターズ，スタンダード石油ニュージャージー，シアーズ・ローバックの4社で，どのように**事業部制**が成立したかについて取り扱った経営史における名著である。本書の終章でチャンドラーは，戦略に沿って組織形態が形作られていく様子について，この4社と他の多数の大企業の比較から，大規模企業の成長の際に辿る道筋について，一般論を引き出せたと結論づけている。

それは，大企業は成長とともに，事業拡大とそれに伴う経営資源の増大，資源活用の合理化，資源の持続的活用のための新市場への進出，短期需要と長期の市場トレンドの両者への対応のための組織改編の4段階を経るというものだ。事実，1930年代を境にして，多くの企業が事業部制を導入し，多角化戦略を採用した。

ここで注意しなければならないのは，チャンドラー自身は，新しい戦略が採用され，それに伴って新たな組織形態が誕生すること，すなわち「組織は

ロングテール戦略：
従来型の店舗では一部の商品に売上が集中していた。ロングテール戦略とは，インターネットを利用することで販売機会の少ない商品の取扱や顧客数を増やして売上高を大きくする手法のことである。販売数を縦軸にして，販売数の多い商品から並べるとなだらかな右下がりの曲線を描く。この曲線が恐竜の尻尾のようにみえることから「ロングテール」と呼ばれる。

クラウド：
クラウドとは，インターネットなどのネットワークに接続されたコンピュータが提供するシステム・サービスを，ネットワーク越しに利用する形態を指す。システム・サービスの提供元のコンピュータ（サーバー）がどこにあるかを意識させないため，雲の中のコンピュータを利用しているイメージからクラウドという名称が使われている。Wifiやスマートフォンの普及によって利用が広がった。

事業部制：
企業の内部に，事業（主に製品・製品群）ごとに管理を行うための組織を設ける組織形態。事業部単位での意思決定，予算管理など独自の権限と責任のもとで活動を行う。多角化の過程で採用されるケースが多く，分割の基準は職能別，製品別，顧客別など様々である。一方で，欠点として大企業ゆえの，事業部間の市場重複，組織内コンフリクトなどが挙げられる。

戦略に従う」とは事業部制を中心とする大企業を指していることにある。

チャンドラーを理解するためには,「組織は戦略に従う」とともに非常に重要な著作として *The Visible Hand*（邦題『経営者の時代』）についても知る必要がある。『経営者の時代』では,19世紀中頃から19世紀後半に起こった鉄道・電信などの発達によって商業活動の担い手は,伝統的な小規模企業から近代期的な大企業へと移り変わった歴史を扱っている。この事実は,アダム・スミスのいう "Invisible Hand（見えざる手）" による市場取引中心の時代から,チャンドラーのいう "Visible Hand（見える手）" すなわち経営者・階層組織中心の時代への移行であると形容されている。

このようにチャンドラーは,1850年頃から1930年代における大企業の台頭とそれに伴う事業部制という新たな組織形態の役割を主要な研究テーマにしていることを留意しておく必要がある。それでも,チャンドラーの研究は,経営史研究にとどまらず,その後の経営戦略論や企業理論の研究にも大きな影響を与え,経営学に対する重大な貢献を果たしたことは間違いない。

2 「戦略は組織に従う」とは

一方の「戦略は組織に従う（Strategy follows structure）」とは経営戦略論の父と呼ばれるイゴール・アンゾフ（*Strategic Management*（邦題『戦略経営論』），1979）の言葉である。アンゾフは戦略立案つまり**戦略的意思決定**の重要性を説いた。アンゾフの経営戦略論に対する貢献で有名なものは,製品

戦略的意思決定：
アンゾフによって分類された3つの意思決定（「戦略的意思決定」，「管理的意思決定」，「業務的意思決定」）のひとつであり,最も重要であると指摘された。戦略的意思決定はトップマネジメント層が行うものであり,不確実な環境のもとで,自社の経営資源をどのように活用するかといった全社的な意思決定。

Part II 組織からマネジメントを考える

と市場分野，成長ベクトル，競争優位，シナジーという現代でも経営戦略に欠かせない4つの要素を提案したことにある。そして，この要素から説明される多角化戦略こそが，まさに戦略的意思決定の代表的事例だと言える。

さて，それでは改めて「戦略は組織に従う」の意味について考えていこう。この言葉を文字通りに解釈するならば，実行可能な経営戦略は組織能力によって規定されると理解できる。実際にチャンドラーが説明した事業部制への帰結は，十分な規模や資源を持つ大企業にとってのものであり，全ての企業が取りうる戦略ではない。また1950年代後半以降の，企業を取り巻く環境の変化の激しい（乱気流）時代においては，完璧な事業立案をすることは難しい。そのため，企業には中・長期的な計画が必要となり，経営者には探求的・創造的適正が求められるようになる。そして，このような環境に適合するための適切な組織能力を**組織学習**のもとで開発しなければならない。

こうして乱気流が激しさを増すと，チャンドラー流の順序づけ（「組織は戦略に従う」）すなわち経営者による戦略的な推進力を適応させることに代わって，能力の適応（「戦略は組織に従う」）をさせることが重要になったとアンゾフは主張する。

アンゾフは，この順序付けの逆転は，環境，推進力，能力の間の不均衡に見られると説明している。過去には，環境変化に対応するために，適切な方策を実施しないままに新しい解決策の導入が行われた。新しい解決策として導入されたシステムは，当初，戦略的な推進力およびシステムの間の不均衡，

組織学習：
企業の持つ資源としての，知識，ノウハウそして組織能力に着目し，それらをどのように，いかに獲得・蓄積させていくかの組織的プロセス。組織学習は業務の効率化のための学習（ルーティン化）と既存の価値や目標を修正するような高次の学習の2種類に分けられる。競争優位の獲得やイノベーションなどのためには高次の学習をどのように誘発していくかが重要となる。

システムおよび能力とその他の構成要素との間の不均衡が生じる。それらが長期に維持されていく過程で新しい能力が発達し、そのシステムをもとに新たな戦略的推進力を生み、まさに「戦略は組織に従う」のである。

「組織は戦略に従う」、「戦略は組織に従う」、この2つの言葉は全く異なるプロセスについて説明しているものではない。実際にアンゾフは、チャンドラー流の順序の逆転と表現しているように、「組織は戦略に従う」をベースとして自らの主張を組み立てている。本質的に、2つの言葉はともに環境変化に対する企業組織・経営戦略の適合プロセスについて述べている言葉であることは、両者の研究を概観することで理解できる。研究の方法論について多数の批判があるものの、ある種の市場環境のもとで企業の採る企業組織・経営戦略が一定の選択肢に集中してしまうことには蓋然性があるといえるだろう。

3 現代における環境変化とその影響

それでは、今日、環境はどのように変化していて、企業の採り得る選択肢はどのようなものになるのだろうか。現代では、特にICT（情報通信技術）の発展が競争環境を大きく変えた。インターネットやモバイルデバイスが普及し、今後、さらにビックデータ・IoT・AIといった人とマシンの境界をも曖昧にする技術革新により、企業組織・経営戦略の在りようは根本から変化するだろう。

1980年から2018年までの間に、株式時価総額1位に複数回、輝いた企業は、IBM、GE、エクソンモービル、アップルと、その顔ぶれが変化していっ

IoT：
Internet of Things、モノのインターネット。自動車、家電、ロボット、施設などあらゆるものがインターネットにつながり、情報のやり取りをすることでモノのデータ化やそれに基づく自動化等が進展し、新たな付加価値を生み出すという考え方。製品の販売に留まらず、製品を使ってサービスを提供するいわゆるモノのサービス化の進展に寄与すると言われている。

Part II 組織からマネジメントを考える

ていることがわかる。そして，2018年末にはIBM
やGEが50位以内にすら入ってこないのに対して，
GAFA（Google，Apple，Facebook，Amazon）や
MicrosoftといったICT関連企業が上位を占めてい
る。それでは，こうした企業は，これまでの大企業
と何が異なるのだろうか。

　ひとつの重要な特徴として，これらの企業は業
種横断的なビジネスを展開していることが挙げら
れる。例えば，ストーリーで解説したAmazonは
AWSというサービスを提供しているが，その導
入事例を見ると製造業からSaaSソリューション
ビジネス，大学と非常に多岐にわたっている。ま
たAppleはiTunesやiCloudを通じて，iPhone，
iPad，Macの連携をさせることで利用者を囲い込
んでいる。こうした企業をプラットフォーマーと呼
ぶ。

　ICT産業では，チャンドラーのいう統合型企業
に代わってプラットフォーム企業が台頭し，より
オープンなネットワークの下で製品・サービス・ソ
リューションが提供されるようになってきている。
これはICTの発展によって製品・サービスの**モ
ジュール化**が進んだことの影響だと言えるだろう。
モジュール化の進展によってハードとサービスの分
離が進み，従来の統合型企業の持つ優位性が低下し
てきた。これまでのように企業内に全ての機能を持
つ必要がなくなり，特定の機能だけを提供する**ビジ
ネスモデル**が成立可能になったことが，上位企業の
顔ぶれを大きく変えたのだ。例えば，2016年に起
きた電子機器の受託生産企業（EMS：Electoronics
Manufacturing Service）である鴻海精密工業によ

モジュール化：
分業（分割）によって生じる複
雑性を解消するための仕組み。
組織，システムあるいは製品を
モジュールという構成要素（機
能単位や部分単位）に分解し，
他のモジュールとの相互依存性
を排除することで複雑性を低下
させることを目的とする。モ
ジュール化し，共通のインター
フェイスを用意することで，他
の構成要素との組み合わせでの
製品・システムの構築が容易に
なるため，コスト削減などが可
能になる。

ビジネスモデル：
垂直分化や水平分化が進んだ結
果，企業におけるビジネスプロ
セスが多様化したため，コアと
なる企業活動を分析するための
手法からスタートし，現在はど
のような事業活動を展開するか
を，顧客・価値・その提供手段・
収益モデルの視点から，モデル
化したものをさす。

るシャープの買収は，この事実を証明する象徴的な出来事のひとつである。

　当面，プラットフォーマーの成功が続き，産業のレイヤー構造化が進めば，多くの企業がプラットフォーム戦略を採用しようとするだろう。そうなれば，今日の"組織"が意味するものは，企業の内部に完成した構造を持つことではなく，価値共創のためのネットワーク化を進めることを意味する。そして"戦略"とは，少なくとも，ひとつのネットワークに留まり現在の地位を維持することではないはずだ。

　環境は常に変化している。例えば，AWSを支える技術のひとつである分散処理の仕組みも，システムの構成要素が十分に発達していなかった時代には，余計なコストが発生してしまい必ずしも効率的なものではなかった。情報システムにとって重要なポイントは，システムの機能と構造が，ユーザーの業務内容と運用体制とマッチングしているかどうかにある。

　そうした観点からも，「組織は戦略に従う」か？という問いに対して，現在では「組織」も「戦略」も，どちらか一方に従うというヒエラルキー的階層性ではなく，互いが補完ないし活性（共進）化するような関係として捉える必要がある，というのがひとつの解答になるかもしれない。

【参考文献】

Chandler, A. D. Jr (1962), *Strategy and Structure: Chapters in the History of the Industrial Enterprise*, MIT Press（有賀裕子訳『組織は戦略に従う』ダイヤモンド社，2004 年）

Ansoff, H. I. (2007), *Strategic Management Classic Editon*, Palgrave Macmillan（中村元一監訳『戦略経営論［新訳］』中央経済社，2007 年）

2-4

世界が認める長寿企業とは？

Story 1

世界の長寿企業が加盟するエノキアン協会
─その加盟条件の意味とは？─

　どんな国でも企業はゴーイングコンサーン，つまり継続することを至上命題として活動している。しかし，経営環境の変化の波を知り，それにうまく適応し続けることができなければ，倒産や廃業という歩みを止めなければならない状況に至る。

　第一次・第二次世界大戦や高度経済成長，バブル景気とその崩壊，リーマンショック，最近では甚大な被害をもたらす自然災害などの影響により，日本の社会・経済は浮き沈みを繰り返している。著名な大企業でさえ倒産する環境の中で，なぜ，100年，200年と存続することができる企業が存在するのだろうか。

　1981年に設立され，本部をフランスに置くエノキアン協会は，創業200年以上の企業のみを会員として構成される組織である。フランスのプジョーやイタリアのベレッタなど加盟企業のほとんどがヨーロッパを創業の地とする中，日本企業9社（2018年11月現在）の加盟が許されている。そのうちの1社である1669年創業の岡谷不動産（岡谷鋼機，愛知県名古屋市）の代表取締役社長である岡谷篤一氏が2018年1月より日本人初のエノキアン協会会長（10代目）に就任した。岡谷篤一氏は「伝統を守るには伝統を崩すこと」を標榜し，数々の新規事業に取り組んできた。その実績が多くのエノキアン協会の加盟企業の経営者からの支持を集めたという。

　エノキアン協会への加盟には，以下の4つの条件を満たすことが企業に求められる。

⑴　創業から200年以上の歴史があること

(2) 創業者の子孫が現在でも経営者もしくは役員であること

(3) 家族が会社のオーナーもしくは**筆頭株主**であること

(4) 現在でも健全経営を維持していること

日本で初めてエノキアン協会に加盟した企業は，酒造業の月桂冠（京都府伏見区，1637年創業，1984年加盟）である。その後，温泉旅館の法師（善吾楼）（石川県小松市，717年創業，1987年加盟）や岡谷不動産（2004年加盟），和菓子製造小売業の赤福（三重県伊勢市，1707年創業，2005年加盟），和菓子製造小売業の虎屋（東京都港区，1600年創業，2008年加盟）が次々と加盟していった。2016年には，醤油製造業のヤマサ醤油（千葉県銚子市，1645年創業）と木材木製品製造小売業の材惣木材（愛知県名古屋市，1690年創業），繊維製品製造小売業の中川政七商店（奈良県奈良市，1716年創業）の3社が加盟し，2018年6月加盟の製茶，海苔製造業の山本山（東京都中央区，1690年創業）がこれらに続く。

日本は世界で最も創業100年以上の企業，いわゆる長寿企業が多いと言われている。そして，それらの企業の大部分において，エノキアン協会が加盟の条件として挙げている創業者の子孫が長年にわたり経営者の立場にあったり，筆頭株主として企業経営に関与していたりする。

このような企業をファミリービジネス（同族経営）と称し，主に1990年代中頃よりその実態を把握するべく，経営学をはじめとする多岐にわたる学問分野において活発な議論や検討が行われている。

参考：
エノキアン協会（http://www.henokiens.com/index.php，2018年11月6日アクセス）
「岡谷鋼機社長「エノキアン協会」会長に」『日本経済新聞』2017年10月27日（https://www.nikkei.com/article/DGXMZO22749000W7A021C1L91000/，2018年11月6日アクセス）
松岡憲司（2017）「長寿ファミリー企業の国際比較―エノキアン協会を中心として―」『社会科学研究年報』47号，133-140頁

---

⑦ **考えてみよう！**

Q1　なぜ，日本は世界一の長寿企業大国となったのだろうか？
Q2　なぜ，エノキアン協会には加盟条件が4つもあるのか？
Q3　ファミリービジネスの優位性とは何か考えてみよう。

Part II 組織からマネジメントを考える

Story 2

世界を席巻する日本の小さな長寿企業
──菊地保寿堂が示す伝統を守り伝統を崩す経営とは？──

　株式会社菊地保寿堂（以下，菊地保寿堂）は，1604年創業の鋳物製造業企業である。**和銑（わずく）**という技術で作られた茶釜や紅茶用のポット，フライパン，鍋といった製品は，世界各国で販売されるとともに入手まで数カ月待ちという状態にある。

　高度な技術に基づいて製造する自社製品は世界でも通用すると自信を持っていた。しかし，1985年，プラザ合意以降の円高不況により，安価な海外製品が輸入されるようになり，それらと競争しなければならない状況に陥ってしまっていた。

　岩手県産の南部鉄器のフライパンやポットは保温性が高いことから，海外で売れ始めており，日本の鋳物製品の認知度は向上していた。満を持してドイツのフランクフルトにおいて開催された展示会に出展した際，ブースに展示した器物が誰の手にも触れられないという経験をする。同時に，中国製の粗悪品も出回り始めており，欧米人の目が肥えてきていることがわかった。

　帰国後，廉価な製品とのすみ分けを図るべく，品質を保ち，価格勝負をしないことを決め，さまざまな方策を検討・実施した。その結果，1991年に発売した鉄瓶ポットがヨーロッパを中心に5,000個ほど売れるという経験をした。これまでと比べると大きな成果である。しかし，今後のことを考えた従業員から「どのような人たちが自分たちのポットを使っているのかわからない」との声が上がり始めた。顧客の声を直接聞くことができなければ，製品の品質向上を図ることはできない。顧客の厳しい意見も取り入れられるよう，できるだけ多くヨーロッパの展示会に出展し，併せて，海外の販売店と直接取引できるよう，環境の構築に努めた。

　こうした経験を経て，菊地保寿堂の15代目の代表取締役社長である菊地規康氏は，山形のものづくりの力を世界に知らしめるべく，2003年に小学校，中学校，美術大学時代の同級生である工業デザイナー奥山清行氏らに声をか

52

け,「**山形カロッツェリアプロジェクト**」を立ち上げる。このプロジェクトでは, 製品の素材調達からデザイン開発, 組み立てまでを一貫して一地域で行うイタリア型の生産方式を山形で実現した。2006年, ティーポット「WAZUQU(わずく)・まゆ」をフランスのインテリア国際見本市「メゾン・エ・オブジェ」に出品した結果, 世界各国のバイヤーから高い評価を受けることができた。そして, ニューヨーク近代美術館やフランス料理の世界大会, 最近では, マカオの五つ星ホテル「Winnpalace」の日本食ダイニングなどの取引先を得るまでに至っている。

　学生時代に先代経営者であった父を亡くし, 23歳で菊地保寿堂の経営者となった菊地規康氏は, 試行錯誤の中で多くのステークホルダーに協力を仰ぎ, 伝統を守りながらも新たな挑戦を続けてきた。そして, これからも世界中の人々に驚きと感動を提供していくだろう。

参考：
株式会社菊地保寿堂ホームページ（http://www.wazuqu.jp/, 2018年11月13日アクセス）
中小企業庁ウェブサイト「JAPANブランド育成支援事業活用のためのガイドライン」（http://www.
　chusho.meti.go.jp/shogyo/chiiki/japan_brand/download/Jbrand_Guide.pdf, 2018年11月13
　日アクセス）
根岸康雄（2010）『世界が大切にするニッポン工場力』ディスカバー・トゥエンティーワン, 103-
　118頁
「みちのく会社訪問　菊地保寿堂」『産経ニュース』2014年11月28日（https://www.sankei.com/
　region/news/141128/rgn1411280011-n1.html, 2018年11月13日アクセス）

---

⑦ **考えてみよう！**

Q1　菊地保寿堂の製品が海外で受け入れられなかった理由を考えてみよう。
Q2　菊地保寿堂が大切にしたことは何か考えてみよう。
Q3　企業が存続するために必要なことは何か考えてみよう。

🔍 **調べてみよう！**

Q1　創業者一族が経営に携わり続けることのメリットとはどのようなものだろうか？
Q2　ファミリービジネスがゴーイングコンサーンでいることを支える要因とはどのようなものだろうか？
Q3　ファミリービジネスのメリットとはどのようなものだろうか？

【解説】

1 注目を集めるファミリービジネス（同族経営）

エノキアン協会に加盟している企業をはじめ，日本には創業100年以上のいわゆる"長寿企業"が多く存在しており，その数は世界第1位だという。信用調査会社である帝国データバンクが実施した調査によると，2018年に創業100周年を迎えた日本企業は1,308社，200周年に至る日本企業は33社，300周年にある日本企業は10社ほど存在しているという。また，世界最古の企業である金剛組（578年創業）や先述の温泉旅館の法師（善吾楼）など日本には1000年以上活動を継続している企業も複数存在しており，まさに長寿企業大国と言える。

Story 1において示したとおり，エノキアン協会への加盟には，(1)創業から200年以上の歴史があること，(2)創業者の子孫が現在でも経営者もしくは役員であること，(3)家族が会社のオーナーもしくは筆頭株主であること，(4)現在でも健全経営を維持していることという4つの条件を満たすことが必要となる。

(1)にある200年以上の歴史を持つ日本企業は今後も増加していくことが予想されるが，その中にエノキアン協会に加盟することができる企業がどの程度あるのかは定かではない。それは，ファミリービジネスであることを示す(2)，(3)，そして(4)の加盟条件が強く影響するからである。これらの条件を満たすファミリービジネスにはどのような経営上の特徴があるのだろうか。

筆頭株主：
ある会社が発行した株式のうち，議決権のある株式を最も多く保有している株主のことを意味する。なお，議決権とは，株主総会において会社側が提示する議題に対して賛否を示すことができる権利であり，時に経営者の交代や規程の変更などの会社経営に対して大きな影響力を持つ。

和銑（わずく）：
日本古来の砂鉄を炭で精錬した釜や工芸品に使われてきた地金である。原料となる砂鉄地金の入手が難しく，扱いにも熟練の技術を要するとされている。

山形カロッツェリアプロジェクト：
山形県の優れた職人技術を用いて「世界に通用する価値の高い商品」の開発と海外展開を目指すことを目的に取り組まれている地場産業の振興プロジェクトを指す。フェラーリなどのデザインを手がけた山形市出身の世界的工業デザイナー奥山清行氏は，菊地保寿堂の菊地規康社長とともにプロジェクトの中心的なメンバーである。

2　ファミリービジネスの特徴

　創業者の家系が経営に携わったり，筆頭株主であったりすること，いわゆるファミリービジネスであることにはどのような意味があるのだろうか。

　ハーバードビジネススクールの研究者たちが開発したスリーサークルモデルでは，ファミリービジネスが3つの要因から支えられていることが示されている（図表2-4-1）

　所有と経営が分離した株式会社とは異なり，創業家（ファミリー）が株式を保有（オーナーシップ）し，株主として，また経営者として企業の活動（ビジネス）に強く関わりを持ち続けているのがファミリービジネスの一般像である。ファミリービジネスは，第三者が経営に対して意見する機会がほとんどないため，創業家の人々が自らの利益ばかりを追求する行為に走ったり，業績が悪化しても創業家の経営者が責任追及をされることなく活動を続けること

図表2-4-1　スリーサークルモデル

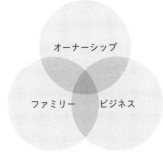

出所）Gersick, K., Davis, J., McCollom-Hampton, M. & Lansberg, I. (1997), *Generation to Generation: Life Cycles of the Family Business*, Harvard Business Press（岡田康司監訳，犬飼みずほ訳『オーナー経営の存続と継承 15年を越える実地調査が解き明かすオーナー企業の発展法則とその実践経営』流通科学大学出版，1999年，14頁）より引用。

Part II　組織からマネジメントを考える

ができるために不正の温床となると**コーポレートガバナンス**の観点から問題視されてきた。

　一方，これまでのファミリービジネスに関する研究では，こうしたマイナス面を指摘しつつも，①非ファミリービジネスに比べ業績が良い，②従業員の定着性が高い，③変革に対して適応的であるといった効果が見られることを確認している。

　創業家が株式を保有し経営に永続的に携わることで，第三者による影響を回避でき，経営基盤の安定化が図られる。また，所有と経営が未分離のため，企業活動に関わる意思決定が迅速に行われ，経営環境の変化に柔軟に対応することができる。ファミリービジネスが持つこうした経営上の特徴がゴーイングコンサーンであり続けることを支えており，その点をエノキアン協会では加盟の条件としているということである。

　スリーサークルモデルに示される3つの要因がポジティブに効果を発揮する状況にある企業は世界的に認められるファミリービジネスに成長する可能性が高い。この点について，Story 2において取り上げた菊地保寿堂のケースを振り返りながら確認していこう。

3　伝統を守り，伝統を崩すとは

　企業の規模とは，保有する経営資源の量を指す。小さくなるにしたがって活用できる経営資源は少なくなり，その分できることが限定されてくる。しかし，限られた資源を有効に活用し，変えるべきところは変え，守るべきところは守るという経営を行っていくことで規模に関わらず存続することは十分に

コーポレートガバナンス：
企業統治と訳される。かつては経営者と株主間における利害対立を解消するための監視機構・制度の設計を意味する。

可能と言える。

　ファミリービジネスが持つ迅速な意思決定の下に実行される柔軟な対応力を支えるのは，顧客満足を達成しようとする普遍的な姿勢と言える。それは経営理念など形式的なものとして掲げられることもあるが，基本姿勢として備わっていればよいものなのかもしれない。常に新しいニーズを探索し，その要望に応えることが次の新たな取り組みにつながる。

　菊地保寿堂による販売環境の整備は，海外顧客の要望を知りたいという従業員の意識から生まれたものである。これは，従業員が顧客を意識するという姿勢を備えていたことを示している。そして，経営者と従業員のコミュニケーションが十分に図れるような環境も整備されていたと考えられる。また，ドイツのフランクフルトからの帰国後，「製品の品質を維持し，価格競争に乗り出さない」といった方針を打ち出したことは，製造技術やそれを磨き続ける従業員を尊重していることを示すための経営者の行動と解釈できるだろう。菊地保寿堂の事例では，経営者が従業員への理解を深めることで提供する製品の品質を守ることができ，また，それを生かして顧客の声に沿った新たな製品開発を行うことにより海外での取り組みを継続することができたことが示されている。

　長寿企業には，伝統を重んじ，頑なにそれを守り続けるといったイメージがあるのではないだろうか。しかし，菊地保寿堂の海外進出に関わる経緯を振り返ると，存続するということは守るだけの経営では成立しないことがわかる。伝統的な技術やサービスを，革新的な取り組みによって生かすことを模

Part II　組織からマネジメントを考える

索し続ける。これは，スリーサークルモデルにある
ファミリービジネスの3つの要因を基盤とし，その
上に従業員への尊重や，その他のステークホルダー
とのつながりを重視するという経営者の意識と行動
力が加えられたことによって達成される。換言する
と，従業員や消費者，その他ステークホルダーから
の高い信用を得るためにどのようにすべきかを経営
者が考え実行した結果であると整理できる。

　菊地規康氏は，学生時代に先代経営者であった父
を亡くし，23歳で菊地保寿堂の経営者となってい
る。一般的なファミリービジネスにおける**事業承
継**（経営者交代）プロセスでは，次世代の経営を担
う後継者が現在の経営者の下で数年間活動を共にし
ながら経営手法の学習や承継後の計画の策定に取り
組む。また，その中で後継者が独自の事業を立ち上
げるなどの経験を積む。こうした準備ができずに経
営者となった菊地規康氏は，取引先や従業員とのコ
ミュニケーションを通して自社の経営を検討し実行
することしかできなかったのかもしれない。しか
し，こうした試行錯誤の中で得たその経験が，多く
のステークホルダーからの信用につながり，伝統を
守りながらも新たな挑戦を続けるための基盤となっ
たと考えられる。

　Baum & Locke（2004）は，仕事に対する強い情
熱を持つ経営者ほど従業員とのコミュニケーション
を重視する傾向にあり，コミュニケーションが盛
んな企業ほど成長が高まるということを確認してい
る。Story 1において示した日本人初のエノキアン
協会会長岡谷篤一氏が掲げた「伝統を守るには伝統
を崩すこと」という言葉には，こうしたファミリー

事業承継:
高齢となった経営者から企業経営の役割を引き継ぐこと。どのような人材を選び，育てるかなど，後継者が経営者の役割を担うまでの準備段階全般を意味とすることもある。

ビジネスにおける経営者とステークホルダー間にあるコミュニケーションに基づいた信用を基盤とする経営の必要性を意味しているのであろう。

予想できないような事象に度々翻弄されるVUCAと呼ばれる経営環境に置かれた現在，さまざまな時代のうねりを乗り越え続けてきた長寿企業・ファミリービジネスの経営には多くの知恵や工夫があり，そこから学ぶことは多くあるのではないだろうか。

VUCA：Volatility（激動），Uncertainly（不確実性），Complex（複雑性），Ambiguity（不透明）の頭文字をつなげた想定外の事象が次々と発生する現代の経営環境を意味する。

【参考文献】

奥村昭博（2015）「ファミリービジネスの理論―昨日，今日，そしてこれから」『一橋ビジネスレビュー』63巻2号，6-19頁

帝国データバンク（2017）「特別企画：2018年「周年記念企業」調査―2018年の「周年記念企業」，全国に13万9359社」（https://www.tdb.co.jp/report/watching/press/pdf/p171110.pdf，2018年11月13日アクセス）

東京商工リサーチ（2016）「全国「老舗企業」調査」（http://www.tsr-net.co.jp/news/analysis/20161202_01.html，2018年11月13日アクセス）

Baum, J. R. & Locke, E. A. (2004), "The Relationship of Entrepreneurial Traits, Skill, and Motivation to Subsequent Venture Growth," *Journal of Applied Psychology*, Vol. 89, No. 4, pp. 587-598

2-5
「起業」に求められるものとは？

Story 1

日本の起業ブームが教えてくれること
―起業をけん引するのは誰？―

　私たちの生活を快適にする製品・サービスは，その時々に誕生した企業によって提供されることが多い。例えば，明治時代には三菱（1870年創業）や阪神急行電鉄（1907年創業），日立製作所（1908年創業），大正時代から第二次世界大戦終結直後にはマツダ（1919年創業）やブリヂストン（1931年），松下電器産業（現・Panasonic，1935年創業），トヨタ自動車（1937年創業），SONY（1946年創業），本田技研工業・オムロン（共に1948年創業）などが生まれ，現在の私たちにとっては当たり前となった生活インフラを築いてくれた。その後の日本では，このような新たな企業が続々と生まれる起業ブームが3回あったと言われている。

　第一次起業ブームは，日本初の**ベンチャーキャピタル**の設立や，日本証券業協会による**店頭登録制度**（現・JASDAQ市場）の創設があった後の1970年頃に始まった。高度経済成長の中，アデランス（1969年創業），ぴあ（1970年創業），モスフードサービス（モスバーガー，1972年創業），コナミ（1973年創業），コナカ（1973年創業）など消費ニーズの多様化を見込んだ小売業やサービス業の企業が誕生している。第二次起業ブームは1980年代に起こった。エイチ・アイ・エス（1980年創業）やカルチュア・コンビニエンス・クラブ（TSUTAYA，1982年創業）など，多様化する消費者の趣向を捉えるべく誕生した企業もあるが，ユニゾン・ワールド（現・ソフトバンク，1980年創業）やスクウェア（現・スクウェア・エニックス，1986年創業），エイベックス・ディー・ディー（現・エイベックス，1988年創業）といった情報通信やゲーム・エンターテインメント産業の企業の勃興もこの頃の特徴である。

好景気の中にあったこれまでの起業ブームとは異なり，第三次起業ブームは，バブル経済崩壊後の不況の中，企業数減少を食い止めるべく実施された政府の規制緩和策や成長産業・企業支援策の後押しを受けて生じたとされる。1997年創業のエム・ディー・エム（現・楽天），コイン（現・クックパッド），コアプライス（現・カカクコム），1998年創業のポケモン，サイバーエージェント，1999年創業のカブドットコム証券，DeNAなどがその後飛躍した企業として有名である。その後，ユーグレナ（2005年創業）やペプチドリーム（2006年創業）など情報通信産業に限らず，バイオテクノロジー産業においても起業が見られるようになった。

1990年代から2000年にかけて，世界中でインターネットサービスに大きな期待感が寄せられ，情報通信産業の企業に対する巨額の投資が実行されるようになっていた。後にインターネットバブルと称される時期である。しかし，1990年代中期頃に誕生したインターネットサービス企業による不祥事がいくつも発生した結果，急激に情報通信産業に対する人々の期待感が薄れていった。そして，インターネットバブルは崩壊し，同時に第三次起業ブームは終えんを迎えることとなった。

その後，2013年から2014年頃より日本において新たな起業ブームが到来していると言われる。グローバル経済が進展する中で，技術革新の恩恵を多くの人たちがより手軽に入手できるようになり，また，新たな成長の種を外部にも求めるようになった大企業による投資活動の活発化などが背景として挙げられている。こうした流れの中で，起業活動の定着化を図るべく，政府もさらなる規制緩和や成長産業振興策を展開している。

参考：
岩崎薫里（2018）「改善するわが国のスタートアップ事業環境―オープンイノベーション追求が後押し―」『JRIレビュー』Vol. 2, No. 53, 32-64頁

---

⑦ 考えてみよう！

Q1　なぜ，起業ブームが起こるか？
Q2　起業が増加するとどのような良いことがあるか？
Q3　今後はどのような産業において起業が増えるだろうか？

Part II　組織からマネジメントを考える

Story 2
株式会社リブセンスの起業プロセス
──起業家に求められる姿勢とは？──

　アルバイト情報サイト「マッハバイト（ジョブセンス）」などを手掛ける株
式会社リブセンス（以下，リブセンス）は，第三次起業ブームの終盤である
2006年2月に代表取締役村上太一氏と他3名で持ち寄った300万円を**資本金**
とし起業した。

　経営者であった両祖父からの影響を受け小学校高学年の頃より，将来は起業
したい，経営者になりたいと考えていた村上氏は，高校3年生になると起業メ
ンバーを集めたり，起業イベントに参加するといった準備を進めている。そし
て，大学1年次に学内のビジネスプランコンテストに出場し優勝を果たす。そ
の際の特典であった1年間無料で利用できる学内オフィスを活用しながら，本
格的に会社設立に向けて動き出す。

　人材ビジネスに乗り出すきっかけは村上氏の経験に基づく。高校時代，アル
バイトを探そうと思った際，飲食店や小売店に張り出されている求人情報が，
インターネット上の求人情報ページには掲載されていないことに気づいたとい
う。なぜこうしたことが起きているのか。原因を調べた結果，求人をインター
ネットや雑誌に掲載するにはアルバイトを募集する側が掲載料を支払う必要性
があるということを村上氏は知る。求人募集をする企業は多く存在しているに
もかかわらず，その情報が広く行き届かない現状に不便さを感じた村上氏は，
この問題を解決するビジネスに取り組むことを決心した

　起業直後のリブセンスのビジネスの仕組みは，求人募集をする企業の掲載料
を無料とし，応募があった際には，1件につき成果報酬を受け取るというもの
だった。しかし，なかなか求人募集をする企業が開拓できず，村上氏自身も含
め役員などへの報酬を支払うこともままならない状況となっていた。

　起業から半年が過ぎた頃，リブセンスは，求人を募集する企業が応募者の採
用を決定した後に成果報酬を受け取る，また採用が決定した求職者に対して祝
い金を支払うというように，ビジネスの仕組みを変更した。これにより求人を

62

2-5 「起業」に求められるものとは？

募集したいと考える企業からの評価は高まったものの，それまでの半年間の影響からか，2006年末までは売上が伸び悩んでおり，自社の売却を他社の経営者に打診するといったところまでに至ってしまった。しかし，こうした状況を必死に耐えた結果，次年度に入ると求人広告の掲載申し込みや求職者からのアクセスが伸長していき，1年目に500万円だった売上は，2年目に7,000万円と大きく増加した。

その後，リブセンスは，「マッハバイト（ジョブセンス）」の利用企業の増加や，転職や派遣，不動産賃貸の情報サイトなどを展開し，順調に成長を続けていった。そして，2011年12月に**東証マザーズ**への上場を果たし，翌年の2012年10月には東証一部に鞍替え上場するまでに至っている。

最年少上場社長となった村上氏が率いるリブセンスは，今後も自社の経営理念である「幸せから生まれる幸せ」のさらなる実現に向けて活動の幅を広げていくだろう。

参考：
ドリームゲートウェブサイト「ドリームゲートスペシャルインタビュー MY BEST LIFE 挑戦する生き方　第111回　株式会社リブセンス代表取締役 村上太一」(http://profile.dreamgate.gr.jp/dg_mbl/m111，2018年11月13日アクセス)
「村上太一　小さな疑問が生んだ大きな自信」『KENJYA GLOBAL』(https://www.kenja.tv/president/detih2zb.html，2018年11月13日アクセス)
「リブセンス社長　村上太一の「正念場」，激動する人材業界での"次の10年"戦略」『ビジネス＋IT』(https://www.sbbit.jp/article/cont1/34353，2018年11月13日アクセス)

---

⑦ **考えてみよう！**

Q1　起業のきっかけはどこにあるのだろうか？
Q2　起業に必要なこととはどのようなことなのだろうか？
Q3　起業することと経営することの違いについて考えてみよう。

📖 **調べてみよう！**

Q1　起業ブームが起こるタイミングとはどのような時だろうか？
Q2　企業家が担う社会的役割とはどのようなものだろうか？
Q3　企業家に求められる姿勢とはどのようなものだろうか？

Part II 組織からマネジメントを考える

【解説】

1 起業は流行か？

　日本ではさまざまなタイミングで起業ブームが起こっている。しかし，それは自然に起こるわけではなく，また景気の良し悪しにより生じているわけでもない。

　第二次世界大戦後の復興期には，明治・大正・昭和初期に誕生した多くの企業が消費者の生活を豊かにする製品や商品，サービスを大量に生産し，モノのない時代からの脱却が見事に果たされた。その後の1970年代より始まる第一次起業ブームでは，モノが広く行き届いた環境の中で，より趣向に合ったモノを求める消費者たちに合わせるかのような事業内容により起業する人々が増加している。

　第二次の起業ブームは欲しいモノが手軽に入手できる環境が整った中で，より快適な生活を実現するための娯楽や利便性の追求を消費者が求めることを見越したかのような産業や企業が多く誕生している。そして，第三次起業ブームでは，消費者の活動の場が現実の生活空間からインターネットという空間へと変わっていくことを想定し，その充実を図ろうとする起業が多くあった。また，バイオテクノロジー産業において起業が増えたことは，日本国内において進展する少子高齢化の中で，健康や医療といった分野への消費が増加することが見込まれたためであろう。

　第四次起業ブームの最中にあるとされる現在，日本国内だけでなく世界中の人々を対象に事業を実施しようとする起業が広がりを見せている。例えば，

ベンチャーキャピタル：
成長が見込める若い企業に対して主に株式の引き受けを通して資金や人材の供給や取引先の紹介などを行い，企業を育成していく投資会社を意味する。投資をした企業が株式公開やM&Aに至った際には，引き受けた株式と引き換えに多額の収益を獲得する。

店頭登録制度：
日本証券業協会が，企業が発行する株式等の売買価格を公表したり，発行企業に関する資料を公開することなどを承認すること。なお，現在，店頭登録銘柄は存在せず，制度は廃止されている。

資本金：
企業が活動するために用意する資金をいう。株式会社では，株主が出資した資金の総額を指す。

東証マザーズ：
東京証券取引所が開設する新興市場であり，主に創業から数年を経たベンチャー企業が上場を果たすことが多い市場である。上場の基準は比較的低く設定されており，今後成長する企業が資金調達を円滑に実施できるよう設けられている。

長く日本で唯一の**ユニコーン企業**と言われ，2018年6月に東証マザーズに上場したメルカリ（2013年創業）の代表取締役会長兼CEOの山田進太郎氏は，自社のサービスを「ゆくゆくは世界に広げる」と述べており，アメリカとイギリスでの事業を開始している。今後の日本では，このような急成長を果たすことができる**スタートアップ**が続々と生まれ，世界を席巻していくのかもしれない。

　流行のように捉えられる起業活動は，時々の消費者のニーズの変化に基づいて生じている。起業した人々に消費者が満たされた後に生まれる新たなニーズを満たそうと，起業する人々が現れるという循環があることが，少なくとも日本のこれまでの起業ブームの背景から読み取ることができる。

2　アントレプレナーシップの必要性

　これまでの起業ブームを通して，日本には数多くの起業家（企業家）が輩出されている。その中で，それ以上に多くの起業家（企業家）が道半ばで事業を終了させる事態にも至っている。例えば，第三次起業ブームが，新たに求められた消費者のニーズに合わせた事業を起こし，時代の寵児ともてはやされた人々の手によって終えんを迎えたことを思い出してほしい。ブームが終わった後も生き残っていくために，起業家（企業家）にはどのような能力・姿勢が必要となるだろうか。

　起業家（企業家）は皆，自身の企業を興し，その後，経営者となることが一般的である。その際に求められるものにアントレプレナーシップ（Entrepreneurship）がある。日本語では「起業家

ユニコーン企業：
設立10年未満で10億ドル以上の評価額（時価総額）を受ける未上場企業を意味する。アメリカのベンチャーキャピタル「Cowboy Ventures」の創設者であるAileen Leeが2013年に初めて使用し，定義した。

スタートアップ：
起業家であり，アメリカのベンチャーキャピタル「Y Combinator」の創設者であるPaul Grahamによる「急成長することを企図した企業（A startup is a company designed to grow fast）」という言葉が多くの文献において引用されている。その他，Timmons,J（1994）が示した創業後の企業の成長プロセス（スタートアップ期，成長期，成熟期，安定期）のうちの初期の段階にある企業を意味する場合もある。

精神」と訳されるが，その定義は起業家（企業家）の持ち合わせた内面の魅力に限った解釈では収まっていない。例えば，P. F. Drucker（1985）はアントレプレナーシップを「人であれ組織であれ，独特の特性を持つ何か」であり，「まったく新しいことを行うことに価値を見出す」ことであるとした。また，J. A. Timmons（1994）は，「何もないところから価値を創造する過程」であり，「起業機会を創り出すか，適切にとらえ，資源の有無のいかんにかかわらずこれを追求するプロセス」を通して「長期的な価値の創造と継続的なキャッシュフロー（現金の流出と流入）の形成」を実現することをアントレプレナーシップの定義としている。

いずれにしても，アントレプレナーシップにおいては，起業機会を認識し，それに合わせた事業コンセプトと計画を策定し，そして，策定した計画に基づき資源を独自のパターンによって展開（配分）していくことが求められる（図表2-5-1）。このプロセスを起業家（企業家）自身が行わなければならないのである。

アントレプレナーシップを通して起業家（企業

図表 2-5-1 アントレプレナーシップの要件とプロセス

出所）金井頓一・角田隆太郎（2002）『ベンチャー企業経営論』有斐閣，62頁

家）が起業直後の小規模な企業において成功を収める
るためには，新しいアイデア取り入れ（革新性），
前向きに事業を開拓し（積極性），不確実性の高い
事業に好んで挑んでいく（リスク志向）の姿勢が必
要となる（Covin & Slevin 1989）。このような成功
する起業家（企業家）の姿勢は，アントレプレナー
シップ・オリエンテーション（EO）と称され，起
業に関する研究において現在も高い関心を集めてい
る。

3　起業と経営の違い

　リブセンスは，起業直後，計画したビジネスの仕
組みが通用しない状況に直面していた。その中で，
村上氏は立ち上げたばかりのリブセンスの売却を検
討する事態にまで至っている。しかし，顧客のニー
ズに合わせて自ら計画・構築したビジネスの仕組み
を変更し，事業を継続させた結果，2年目には大き
く売上を伸ばすことに成功した。

　起業家（企業家）には，限られた起業機会に対し
てコンセプトと計画を策定し，それに基づいて調達
した，もしくは保有するヒト・モノ・カネ・情報と
いった経営資源を効率的に活用していくこと，つま
り，アントレプレナーシップが求められる。リブセ
ンスの村上氏もアトレプレナーシップを通して事業
を始めたものの，現実のビジネスでは通用しなかっ
た。このことは，アントレプレナーシップ・オリエ
ンテーションを保ち続けなければならないというこ
とを意味している。言い換えると，事業活動を通し
て，常に起業機会を探り，必要に応じて計画やコン
セプト，資源の展開方法について検討や修正・変更

Part II 組織からマネジメントを考える

をしていくといった姿勢を持ち続けた人々のみが起業家（企業家）としての成功を手に入れることができるということである。

　2006年の**会社法**施行に伴い，**最低資本金規制**が撤廃され，株式会社を1円以上の資本金で起業することができるようになった。ただし，現実の起業では，事務所や店舗を構えたり，備品，設備をそろえるためにそれなりの資金が必要になる。用意する資本金が少ないほど，活動するためのさまざまな準備が疎かになってしまい，起業後に直面する問題も多くなるはずである。

　Story 2にあるように，規制撤廃後に誕生したリブセンスでは，高校時代より起業を共にするメンバーを集め，村上氏を中心に資本金300万円でできることを実施したものの，わずか半年で報酬が払えないという壁にぶつかってしまう。しかし，その後も活動を続けた結果，村上氏は史上最年少経営者として上場を果たすまでに至る。

　規制緩和の下，リブセンスという大きな成果を得た日本では，今後，起業に対する政策的な支援がますます充実していくことが予想される。一方で，第四次起業ブームの中にある現在，多くの起業家の視線は国内に収まらず，世界へ向けられている。国内の経済動向に左右されず，世界のあらゆる場所が彼らのフィールドとなっている。日本で成功したビジネスを世界へ移転することはもちろん，世界で成功したビジネスを日本に逆輸入する日本人起業家も増えてくるだろう。

　常に時代は新しい製品やサービスを渇望している。かつてない様々な問題が生じる中で，その解決

会社法：
2006年5月に会社法が施行された会社の設立や運営のルールを規定した法律の名称。商法や有限会社法などに分かれていたものが一本化されるとともに，有限会社制度の廃止や株式会社の最低資本金規制の撤廃といった特徴がある。

最低資本金規制：
会社設立に関わる資本金規制をいう。旧商法では，株式会社設立の際は1,000万円，旧有限会社法では，有限会社設立の際は300万円をそれぞれ資本金として準備する必要があったが，会社法施行に伴い規制が撤廃され，資本金1円以上で株式会社を設立することが可能となった。

に向けたビジネスの誕生に対する人々の期待もこれ
まで以上となっている。こうした流れの中で躍動す
る，アントレプレナーシップ・オリエンテーション
を持つ多くの起業家（企業家）の誕生が求められて
いる。

【参考文献】
金井頼一・角田隆太郎（2002）『ベンチャー企業経営論』有斐閣
中小企業庁編（2006）『中小企業白書 2006 年版―「時代の節目」に立つ中小企業―海外経済との関係
　　深化・国内における人口減少』ぎょうせい。
中小企業庁（2017）『中小企業白書 2017 年版―中小企業のライフサイクル―次世代への継承』日経印刷。
濱口翔太郎「フリマアプリを全世界に―時価総額 7000 億円，メルカリの「次なる野望」」『IT media』
　　2018 年 6 月 19 日（http://www.itmedia.co.jp/business/articles/1806/19/news132.html，2018
　　年 11 月 14 日アクセス）
Aileen Lee, "Welcome to the Unicorn Club: Learning From Billion-Dollar Startups," *Tech Crunch*,
　　2-Nov-2013（https://techcrunch.com/2013/1 1/02/welcome-to-the-unicorn-club/，2018 年 11
　　月 14 日アクセス）
Covin, J. G. & Slevin, D. P. (1989), "Strategic management of small firms in hostile and benign
　　environments," *Strategic Management Journal*, Vol. 10, Issue 1, pp. 75-87
Drucker, P. F. (1985), *Innovation and Entrepreneurship: Practice and Principles*, Harper & Row
　　（上田淳生訳『イノベーションと企業家精神』ダイヤモンド社，2007 年）
Timmons, J. A. (1994), *New Venture Creation: Entrepreneurship for the 21st Century*, 4th ed.,
　　Richard D. Irwin（千本幸生・金井信次訳『ベンチャー創造の理論と戦略』ダイヤモンド社，1997
　　年）

2-6

女性の活躍ってなんだろう？

Story 1

両立女性はスーパーウーマンか？ ──働く女性の生活と葛藤──

　子育てをしながら仕事をしている女性は，どんな生活をしているのだろうか？　女性が継続就業し，仕事と家庭を両立するためにはどうすれば良いのだろうか？

　保育園児の子どもを3人（5歳，3歳の双子）育てながら，仕事をしている高橋綾子さん（35歳）は普段どんな1日を送っているのかをみてみよう。

　朝6時，目覚ましのベルが鳴る。寝たのは12時だから，今日の睡眠時間は6時間。うちは夫が単身赴任中なので，いわゆるワンオペ育児中。そうは言っても，夫の単身赴任前も，夫は長時間勤務で当てにできなかった。それに私も夫も地方出身者なので，親のサポートが得られない。

　朝起きたら，身支度をして，自分の昼のお弁当を用意して，夕飯の下ごしらえをしておく。なかなか起きない子どもたちを7時に起こして，朝ご飯を食べさせる。熱を測って，保育園のノートに書き込み，8時に車で保育園に向かう。駐車場代は痛手だけど，保育園の近くに駐車場を借りている。保育園では荷物を片付け，先生に挨拶し，子どもたちにバイバイをする。この時にぐずられると大変。後ろ髪を引かれつつ保育園を後にする。

　8時半，電車に乗り込む。最寄りの駅から会社までは電車を1回乗り継いで1時間以上かかる。9時45分頃，会社に到着。短時間勤務制度を使っているので，始業時間は10時。今は，本社で経理の仕事をしている。人より短い勤務時間のため，仕事は効率的に進めなければならない。決算の時期はとても忙しいが，私は残業できない。入社13年目，上司からは管理職を目指さないかと打診もあったけど，ワンオペ育児の今の状態ではとても難しいと思い，お断りした。16時には勤務終了。保育園の迎えがあるため，忙しそうな同僚を尻目

に退社し，慌ただしく電車で帰宅。17時半頃，保育園に迎え。子どもが私を見つけると嬉しそうな顔で駆け寄ってくる。嬉しくほっとする瞬間だ。

　買い物等をして，18時半頃帰宅。すぐに夕食の準備。夕食の時間とお風呂の時間は子どもたちとの貴重な時間。今日1日，保育園でどんな風に過ごしたのかを聞く。お風呂の後は，次の日の保育園の準備をして21時までには寝かしつける。夕食の片づけをし，洗濯すれば，すぐに12時になってしまう。それでも，今日はうまくいった日だ。子どもが病気になったり，けがをしたりすれば，私は仕事を休まざるを得ない。3人の子どもたちはたいてい順番に病気にかかる。だから，私自身は健康に留意し，倒れる訳にはいかない。子の看護休暇は有難いが，それだけでは足りない。有休は，子どもの通院や看病，保育園の運動会・お遊戯会・お祭り・バザーなどの行事に消えていく。それでも私は育休や時短をしっかり利用しているし，会社には仕事と家庭を両立している先輩がたくさんいて，相談相手もいる。希望の認可保育園にも入れたので恵まれているのだろう。仕事と家庭の両立のために，生協やネットスーパー，電気調理器，ファミリーサポートサービス等，使えるものは何でも使っている。子どもは成長するし，育児は先が見えるとはいえ，子どもに十分手をかけてあげられなくて，働いていることの罪悪感や後ろめたさも少しあったりする。日本では，子どもの躾や教育は母親の責任という風潮もあるように思う。けれども，幸いなことに私は保育園の先生や友人である母親たち等，たくさんの人のサポートを得られている。子どもを一緒に育ててもらっていて，子どもにとっては多くの人と触れ合えるし，私自身も仕事と家庭で気持ちの切り替えができて，良い精神状態で子どもに向き合えているように思う。週末には夫も帰ってくる。さて，明日の仕事があるからもう寝なくては…。

（ストーリーと名称は架空のものです）

---

⑦ 考えてみよう！

Q1　日本において女性のキャリアの継続が難しい理由を考えてみよう。

Q2　あなたが将来家庭を持ったとして，家庭と仕事の両立をどのようにしていきたいと思いますか？

Q3　仕事と家庭を両立するには，家族，友人，公的および民間のサービス等からどのようなサポートが必要だと思いますか？

Story 2

ANAの女性活躍推進——女性管理職とそのロールモデルを考える——

　企業はどのように女性の活躍を推進してきたのだろうか？　また，女性管理職のロールモデルの重要性を考える。

　女性が広く活躍する企業のひとつとしてANA（全日本空輸株式会社）があげられる。ANAの人員構成を見ると，従業員数1万6,187人の内，女性比率は58.0％，女性管理職比率は13.3％，女性役員は4人で女性役員比率は10.5％となっている。なお，ANAの場合，パイロットや整備士等を除いた総合職事務・客室乗務員（CA）における管理職比率は24.9％と非常に高い（2017年4月1日現在）。

　ANAは客室乗務員等に女性が多く，従業員の半数以上を女性が占めているが，女性の管理職が誕生したのは，男女雇用機会均等法施行以後の1991年であった。

　同社ではこれまで，女性の活躍推進のため，さまざまな取組みを行ってきた。たとえば，2007年に両立支援制度整備のための「いきいき推進室」を発足。2014年2月に女性活躍推進のための「ポジティブ・アクション」を社内外に宣言し，女性活躍推進のための数値目標を設定している。2015年4月には，「社員の多様性を活かし，個々の強みを発揮しながら，女性に限らずすべての社員が活躍することを目指す「ダイバーシティ＆インクルージョン」をANAグループのCEOが宣言し，グループ全体で推進中である。

　他にも，上司の意識改革を図る「イクボス・セミナー」，女性管理職のネットワーク「ANA-WINGS」，女性の活躍を支援するキャリアデザイン研修，将来のANAグループを牽引する女性選抜研修，メンター制度等も実施されてきた。

　また，ワーク・ライフ・バランスに関するさまざまな施策や制度を実際に活用し，多様な働き方を実現している社員を「ロールモデル」として，グループ内広報誌やイントラネットなどで紹介している。

　キャリアの浅い女性たちにとっては，社内に女性の役員や，多くの管理職が

存在し，身近でその活躍を見聞きしていることは，「女性もこの会社でこのように働ける。活躍できる」と思えるロールモデルとなるだろう。

　ANAの女性活躍推進は社外からも高い評価を得ている。2015年5月には，日経BP社が発行する『日経WOMAN』主催の「女性が活躍する会社BEST100」において，ANAが総合ランキング3位，公共サービス部門（個人・事業所・公共）では1位を獲得している。また，女性人材の活用を積極的に進めている企業の1社として，東京証券取引所より2014年から数回にわたり「なでしこ銘柄」に選定されている。

　さらに，2014年3月，NPO法人ジャパン・ウィメンズ・イノベイティブ・ネットワークが主催する「2014J-Winダイバシティ・アワード」において，ANA取締役執行役員（当時）の河本宏子氏がリーダー・アワードを受賞している。この受賞は航空会社としては初めてであった。

　河本氏は1979年にANAに客室乗務員として入社し，ANAが国際線に就航した1986年に成田に異動し，国際線を乗務。1999年にキャビン・マネジャー（管理職）となり，その後，課長，部長を経て，2009年に執行役員（客室本部長），2013年に取締役執行役員，2014年に常務取締役執行役員，2016年に取締役専務執行役員となっている（2017年に取締役退任。現在ANA総合研究所代表取締役副社長）。

　河本氏ら先達の女性たちが管理職の道を拓き，役員にまで昇進し，後進の女性たちのロールモデルとなっているといえるだろう。

参考：ANAホームページ（https://www.ana.co.jp/, 2018年11月30日アクセス）

---

⑦ **考えてみよう！**

Q1　企業が女性の活躍推進に取り組む理由を考えてみよう。
Q2　日本企業において，女性の管理職登用が進まない原因を考えてみよう。
Q3　女性管理職のロールモデルの重要性について考えてみよう。

📝 **調べてみよう！**

Q1　社員のワーク・ライフ・バランス推進に積極的な企業の取り組みを調べてみよう。
Q2　他の企業の女性役員の事例とその経歴を調べてみよう。

Part II　組織からマネジメントを考える

【解説】

1　女性の働く環境整備と現状

　女性の活躍推進は，世界的な流れであり，日本で
も，女性が働きやすい環境づくりのため，法的な整
備が進められてきた。例えば，1986年の**男女雇用
機会均等法**，1992年の育児休業法（後に介護部分
が付加），1999年の男女共同参画基本法，2005年の
次世代育成支援対策推進法，2016年の**女性活躍推
進法**等の施行があげられる。

　このような法的な整備の効果もあり，日本女性の
就業は進んできた。

　日本では，女性の年齢階級別労働力率について，
女性の育児期に就業率が落ち込む，いわゆる**M字
型カーブ**が特徴とされてきたが，近年全ての年齢階
級で女性の就業率が向上し，M字の谷もなだらか
になってきている。

　このように働く女性は増えているが，その実態
は，いまだ男女で雇用形態や賃金，昇進に格差があ
り，十分に女性の活躍が推進されているとは言い難
い。2017年の非正規雇用労働者の割合を見ると，
女性は半数以上が非正規労働者であり，所定内給与
における男女間の格差についても，長期的に縮小傾
向にあるものの，女性一般労働者の給与水準は低い
水準となっている。

　また，結婚や出産をしても継続就業する女性が増
えてきたとはいえ，図表2-6-1に示されるように，
5割弱の女性が第一子出産時に退職している実態が
ある。

　さらに，世界経済フォーラムが2017年11月に発

男女雇用機会均等法：
正式名称は，「雇用の分野にお
ける男女の均等な機会及び待遇
の確保等に関する法律」で，
1986年に施行され，その後，
複数回に渡り改正されてきた。
内容として，雇用における性別
の差別や不利益な扱いの禁止，
セクシュアルハラスメント防止
や母性健康管理に関する事業主
の措置化の義務化等が盛り込まれ
ている。

女性活躍推進法：
正式名称は，「女性の職業生活
における活躍の推進に関する法
律」で2015年に成立し，2015
年9月4日に公布・施行された
時限立法である。国や地方公共
団体，企業に対し，女性の活躍
に向けた行動計画の策定を義務
づけるものである。

M字型カーブ：
日本女性の年齢階級別労働力率
は，グラフにした際，結婚や出
産・育児期にあたる30代頃を
底とする，いわゆるM字型の
カーブを描く。このカーブは，
欧米諸国には見られず，日本と
韓国に特徴的とされる。近年，
日本女性の有業率の上昇に伴
い，M字型カーブが全体的に
底上げされると同時に谷が浅く
なり，さらに，晩婚化や晩産化
の影響からか，谷が右方向にず
れている。

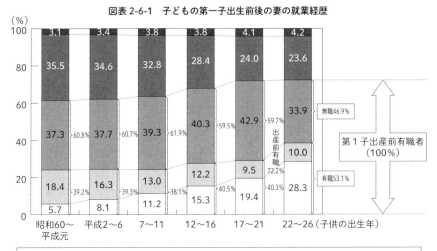

図表2-6-1 子どもの第一子出生前後の妻の就業経歴

表した「The Global Gender Gap Report 2017」によると，各国の男女格差を図る**ジェンダーギャップ指数（GGI）**において，日本は144カ国中114位と，過去最低の順位になっている。特に「政治」の分野では123位となっていて，閣僚や議員の少なさから順位を下げた。「経済」の分野でも，男女の給与格差が大きく，専門職や技術職で女性が少ないことから114位と低い水準にとどまっている。

2 女性のキャリア形成と人材マネジメント

ワーク・ライフ・バランスは男女に共通した問題

ジェンダーギャップ指数
（GGI：Gender Gap Index）：
世界経済フォーラム（World Economic Forum）が2006年より毎年公表している各国における男女格差を測る指数で，経済，教育，政治，保健の4つの分野のデータから作成されている。

ワーク・ライフ・バランス
（WLB：work life balance）：
「仕事と私生活の調和」と訳されることが多く，佐藤・武石（2010）によると，「会社や上司から期待されている仕事あ↗

であるものの，日本では女性に家庭責任が重くのしかかり，女性が仕事をセーブしている現状がある。

内閣府の「男女共同参画白書　平成30年版」によると，2016年における6歳未満の子どもを持つ夫の家事・育児関連に費やす時間は，女性の7時間34分に対し，1日当たり1時間23分であり，他の先進国と比較して極めて短い。1日当たりの行動者率で見ると，「家事」については，共働きの世帯で約8割，専業主婦世帯で約9割の夫が行っておらず，「育児」については，妻の就業状態にかかわらず，約7割の夫が行っていない。妻である女性が共働きをしようとすると，仕事に加え，育児や家事責任が重くのしかかってきて，それらを全て担うスーパーウーマンにならざるを得なく，疲弊してしまう。

夫にしてみれば，長時間勤務や単身赴任で家事や育児に関わりたくても時間的にできない等，妻任せの家事・育児の理由はさまざまだろう。**育児休業**や**短時間勤務制度**についても，子を養育している男女労働者ともに利用できる制度であるが，実際には取得しているのはほとんどが女性という実態がある。

さらに，女性が育児休業から復帰する際，運よく保育園に入り，**待機児童**にならなかったとしても，職場では，昇進や昇格とは程遠い**マミートラック**に入り込んでしまったりする。中には，仕事に打ち込む意義が見出せず，行きづまり感や閉塞感を感じて結局退職してしまう女性もいるだろう。

このような状況を打破するために，多くの企業が女性活躍推進の人材マネジメントに本気で取り組むようになってきた。労働人口が減少しはじめている日本において，良い人材の確保は企業の死活問題で

るいは自分自身が納得できる仕事ができ，なおかつ仕事以外でやりたいことや取組まなくてはならないことに取り組めること」と定義されている。この「仕事以外」とは，子育てや介護だけでなく，自己啓発，趣味，地域活動等，多様なものが含まれる。

育児休業：
育児・介護休業法（正式名称：育児休業，介護休業等育児又は家族介護を行う労働者の福祉に関する法律）により定められ，1歳に満たない子を養育する男女労働者が，育児をするために，原則として子が1歳になるまで休業することができる。一定の条件を満たした場合は，さらに延長することもできる。

短時間勤務制度：
育児介護休業法により定められ，事業主は，3歳に満たない子を養育する男女労働者が希望すれば利用できる短時間勤務制度を設けることが義務とされている。

待機児童：
保育所に入所申請をしているのに，希望者が多く，満員のため，入所できない児童のこと。働く女性の増加に伴い，保育所の入所希望が増加し，特に都市部及び3歳未満児において待機児童問題が深刻化している。保育園を探す「保活」という言葉も定着するようになった。

マミートラック：
母親専用のキャリアコースを意味する。つまり，女性が出産↗

ある。そのためには労働人口の半分を占める女性を活用できなければ，成長や生き残りができないという危機感を企業は感じ始めている。

すでに，小売，外食，宅配，建設等の業界では人手不足が顕著になり，人件費の高騰で業績が悪化したり，人手が確保できないため営業時間短縮をする等，問題は深刻化している。

そこで先進的な企業では，法律の規定を超えるような，充実したファミリーフレンドリー施策や女性活躍施策を実施するようになってきている。例えば，企業内託児所や子育てに関する相談窓口の設置，配偶者の転勤先への異動，不妊治療の支援，女性の採用や管理職を増やす目標値の設定，女性を対象とした能力開発の機会の設定等があげられる。

他にも多くの企業が導入している施策のひとつに**再雇用制度**がある。この制度は，再雇用される人にとっては，過去に身につけた知識やスキルが活かせるし，その企業やそこで働く人のことをよくわかっているという安心感がある。一方，企業にとってみれば，その人物の過去の仕事ぶりを把握した上で雇用できる，企業に愛着持った人を採用できる，一から人材を育てるという手間が省ける等のメリットがある。

さらに，今日の企業では，女性だけでなく，外国人や高齢者，障害者等の幅広い多様な人材の活躍を促し，戦力にしていこうとする**ダイバーシティ・マネジメント**の考え方を取り入れるようになっている。これは，性別・年齢・国籍等の属性のみならず，宗教や価値観，さらに働き方や働く場所，雇用形態の多様性にまで広がっている。例えば柔軟に働

＼後，職場に復帰しても，担当する仕事が補助的な職種や分野に限定されたり，昇進・昇格とは縁のないキャリアコースに固定されることを指す。ともすると，女性の意欲や自信を削ぎ，転職や退職につながりかねず，女性の活躍推進のために企業としての対応が迫られる。

再雇用制度：
女性に限らず，結婚・出産・育児・介護といったやむを得ない事情や，転職や起業，留学などのキャリアアップを理由に一度退職した社員を再び雇用する制度である。

ダイバーシティ・マネジメント（diversity management）：
性別だけでなく，国籍や年齢，宗教，障害といったさまざまな要素の「多様性」（diversity）を活かすマネジメントのこと。近年，このような人材の多様性を受け入れて，活かし，競争優位につなげていこうとする企業の動きがみられる。さらに，異なった価値観や，働き方にも範囲を広げて多様性を認めるようになってきている。

ける制度として，自分の机を持たないフリーアド
レス制や，在宅勤務・SOHO（Small Office Home
Office）等の**テレワーク**の導入もなされている。仕
事は会社のオフィスの自分の机でするものといった
固定観念を打破し，自由なコミュニケーションを促
し，異質な考えや価値観から新しいものを生み出
し，組織の強みにしていくという発想である。女性
の活躍推進を越えて，あらゆる多様性を活かすとい
う発想は，今後ますます日本の企業にとって必要に
なっていくだろう。

テレワーク：
一般社団法人テレワーク協会に
よると，テレワークとは，「tele
＝離れたところ」と「work＝
働く」を合わせた造語で，情報
通信技術（ICT：Information
and Communication
Technology）を活用した，場
所や時間にとらわれない柔軟な
働き方のことを指す。働く場所
によって在宅勤務，モバイル
ワーク，施設利用型テレワーク
の3つに分けられる。

3　女性管理職の登用と人材育成

　女性の活躍を推進する上で，ひとつの問題とし
て，日本ではOECD諸国と比較し，女性の管理職
の割合が低いことがあげられる。内閣府の「男女共
同参画白書　平成30年版」によると，企業の役職
者に占める女性の割合は，長期的には上昇傾向にあ
るが，上位の役職ほど女性の割合が低く，2016年
は，係長級18.4％，課長級10.6％，部長級6.3％と
なっている。また，上場企業の役員に占める割合を
見ると，長期的に上昇しているが，2016年はわず
か3.7％となっている。それでは，なぜ女性管理職
は少ないのだろうか。

　経済産業省（2012）によると，その理由として，
管理職が女性については家庭責任を考慮しなければ
ならないことを負担だと思ってしまうこと，女性が
意思決定層への登用に必要とされるキャリアパスを
積んでいないこと，管理職候補となる女性が少な
く，経営層にもインセンティブがないこと等があげ
られている。これを打破するためには，まずは女性

の継続就業や再雇用を促進し，勤続年数を伸ばすことが重要と思われる。

　さらに，女性が管理職になるにあたって，必要な知識を得るとともに，配置転換でさまざまな経験を積むことが求められる。そのためには，女性に対する積極的な能力開発や意識づけを行う研修を行ったり，女性のネットワークを構築したりする**ポジティブ・アクション**も必要であろう。例えば，女性がキャリアアップすることを励まし，背中を押してあげる**メンター制度**もそのひとつである。

　次に，魅力ある管理職のポストづくりも重要と考える。管理職になっても，処遇が伴わず，責任だけ増え，負担が重く，ワーク・ライフ・バランスは図れないのであれば，管理職の成り手は増えない。

　例えば，カルビーでは，育児中の短時間勤務の女性を管理職として登用している。このような先進的なロールモデルは後に続く女性にとって「短時間勤務では管理職になれない」という思い込みを捨て，こんな風に働けるというイメージと意欲につながると思われる。女性や若者，外国人を問わず，意欲や能力がある人物を管理職に抜擢し，登用する仕組みづくりが必要であろう。

ポジティブ・アクション（positive action）：
差別の積極的是正策のこと。アファーマティブ・アクション（affirmative action）とも言われる。社会的・構造的な差別によって不利益を被っている者（たとえば，女性・少数民族・障害者）に対して，一定の範囲で特別の機会を提供すること等により，実質的な機会均等を実現することを目的とした措置。

メンター制度：
メンター（mentor）とは，ある世界での豊富な知識や経験から，主に若手や女性に対し，必要な指導，支援，カウンセリング等を行う存在である。その機能をメンタリング（mentoring），メンターから支援を受ける側をプロテジェー（protégé）という。本来は非公式的な関係であるが，現在，多くの企業が，メンターとプロテジェーをマッチングさせ，育成にあたらせる公式なメンター制度を導入している。

【参考文献】
経済産業省編（2012）『ダイバーシティと女性活躍の推進　グローバル時代の人材戦略』経済産業省調査会
厚生労働省ホームページ（https://www.mhlw.go.jp/index.html，2018 年 9 月 26 日アクセス）
佐藤博樹・武石恵美子（2010）『職場のワーク・ライフ・バランス』日本経済新聞出版社
内閣府（2018）「男女共同参画白書　平成 30 年版」

2-7

異文化と働くとは？

Story 1

我々は労働力を呼んだが，やってきたのは人間だった
──外国人労働者の受け入れ問題──

　大阪市にある株式会社ループは，マンション施工などを行う建設会社である。2009年から外国人技能実習生の受け入れを行い，現在は社員17名に加えて，8名の外国人が働いている。若く，やる気のある技能実習生たちは，いまや会社に欠かせない大切な戦力になっている。日本の建設業界の人手不足は深刻だ。有効求人倍率は約6倍，つまり6名の人手が必要なところ，求人を出しても1人しか応募がない状態だ。さらに全国の建設業就労者のうち29歳以下は11％と若者が極端に少ない。2015年に技能実習生の滞在期間を3年から5年に延長可能な制度ができると，ループ社は全国で最も早くこれを取り入れ，現在も5名が滞在期間を延長している。社長の貝塚氏は，「（技能実習生が）3年で帰ってしまうと，また一から教えないといけないので，うちの会社としては，大変助かっていますね。」と語っている。

　だが，技能実習生たちは複雑な気持ちでいた。どれだけ仕事に愛着をもち，職場の同僚たちとの関係を深めても，期限がきたら帰国しなければならない。また，現行の制度では技能実習生は，家族を日本に呼び寄せて一緒に暮らすことはできない。滞在期間が長くなれば，それだけ家族と離れる期間も長くなってしまう。仕事を続けたい，家族と暮らしたいという「あたりまえ」の願いは外国人であるがゆえに叶えられることはない。一人前の職人に育った技能実習生たちをまえに，「家族もこっちに呼べたら，最高にいいと思うんですけどね。法律が許すのであれば，本当に，ずっといてほしいです。」と貝塚社長はインタビューに答えている。

　2018年入管法が改正され，外国人労働者のための新たな在留資格「特定技

能」が創設された。建築，介護，外食など14業種において，即戦力として活動するために必要な知識または経験を有するとされる「特定技能1号」の在留上限は5年。政府は，今後5年間に受け入れる外国人労働者のうち45％（累計12〜15万人）は「技能実習」からの移行者であると試算している。この「特定技能1号」も，家族の帯同は認められない。つまり，技能実習生から特定技能1号へとシフトした場合，8年〜10年間は家族と離れて暮らさなければならないということになる。

　世界に目をむけると，オーストラリアは自国の国民では賄うことができない労働力やスキルを海外からの移民で補う，もしくはワーキングホリデイや留学生の労働力に頼るというシステムに成功している国である。多様な種類の在留ビザを用意して外国人を受け入れており，例えば，学生ビザや長期就労ビザ（4年間）での家族の帯同も可能だ。オーストラリアでは人手が足りない職業（シェフ，大工，保育士などさまざま）に就くことや，人口の少ない地域に居住することで，永住権獲得への道も開かれている。

　一方，人口の1割を非熟練外国人労働者が占めるシンガポールでは，原則2年更新の期間労働者には，家族の帯同は許されず，会社の寮など決まった場所で暮らさなければならない。外国人メイドには性病検査や年2回の妊娠検査が義務づけられており，妊娠すれば原則帰国させられる。国際人権団体から非難をうけるほどの厳しい制限を設け，外国人労働者の定住を防いでいる。

　今，私達が用意したのは「日本には働きに来てほしい，けれど，一人で来てほしい，そして帰ってほしい。」そんな注文つきのドアだ。はたしてここから，どれだけの人が入って来てくれるだろうか。そして，私達は，彼ら彼女らを受け入れる準備ができているのだろうか。

---

⑦ 考えてみよう！

Q1　外国人労働者の受け入れ拡大にともない，今後，各企業が対応しなければならない課題を整理しよう。

Q2　他の先進国やアジアの中進国でも人手不足が生じているが，日本ならびに日本企業が外国人に選ばれる就労先となるために必要なことは何だろうか？

Q3　Story ではオーストラリア，シンガポールの例を紹介したが，他国の政策についても調べ，日本のとるべき方策を議論しよう。

Part II 組織からマネジメントを考える

Story 2

宇宙人と働けますか？──組織内異文化摩擦の解消──

　精密機器メーカーサクラテック社はタイに現地法人として2つの工場を操業している。エンジニアの青木一郎（30歳）は半年前に日本からタイ工場に派遣されてきた。現地法人タイ・サクラテック社長の伊藤宏（50歳）は，ある日，青木がタイ人技術主任のソムチャイ（32歳）を叱責しているのを耳にする。

伊藤：「どうしたんだ，大きな声をだして。職場のみんなが驚いているじゃないか。ソムチャイさんは主任なのだし，君より年上なのだから，あんな風に人前で叱責してはいけないよ。」

青木：「でも伊藤さん，僕はソムチャイさんにもう何度も工程確認の重要性を説明してきたのに，彼はいつも『わかりました』と言うだけで，結局，今日もトラブルですよ。一度ガツンと言ってやらないとわからないと思ったんですよ。」

伊藤：「君ははじめての海外勤務だったかな。ソムチャイさんが『わかりました』と言ったのは「言っている事はわかりました」というだけで，作業内容までわかっていたとは限らないよ。実際，他のエンジニアからも君は『きちんとやれ』と指示するだけで，何も具体的には教えてくれないという不満の声が出ているんだよ。」

青木：「そうおっしゃいますが，やるべき仕事を1から10まで全部指示することはできないでしょう。ちょっとは自分で考えて動いてくれないと。ソムチャイさんは日本の会社で働いていたというから，日本式の仕事のやり方を知っていると思ったのに全然わかってない。」

伊藤：「しかし，実際，我われの仕事のやり方が日本式かどうか。これは，いわばサクラウェイというやつで，長年うちの中で培った方法だからね。我われは単に他のやり方を知らないだけかもしれない。ここはタイ・サクラなのだから，すっかり同じというわけにはいかないよ。僕はソム

2-7 異文化と働くとは？

チャイさんは日本語がわかるという以外にも，もっと他のこともわかっ
ていると思うのだが。」

青木：「ソムチャイさんはいつもニコニコ笑っているだけで，何を考えている
んだかさっぱりですよ。日本人とタイ人は，なにかと共通点が多いんだ
とか言われて来ましたが，実際は仕事じゃ何から何まで違いますね。」

伊藤：「何も宇宙人と仕事しろと言っているんじゃないんだ。とにかく，この
ままではいけないよ，エンジニア達から不満が出ないように『きちん
と』やってくれよ。」

青木：「もちろん，仕事とあれば宇宙人とだって上手く働いてみせますよ。」

　青木の自信に満ちた態度に，一抹の不安を感じる伊藤であった。この件につ
いては「きちんと」対応しないといけないなと考えていた。

（ストーリーと名称は架空のものです）

---

⑦ 考えてみよう！

Q1　あなたが伊藤社長の立場にあったとき，このような問題に対して短期的，中長期的
には何をしますか？

Q2　学校や職場（アルバイト先）などで，あなたが経験した文化の違いや，認識ギャッ
プについて話してみよう。

Q3　一般的に日本人の文化的特性と言われているものは，自分にはあてはまるのか考え
てみよう。

調べてみよう！

Q1　企業内で行われている海外赴任前研修や異文化トレーニング研修の内容を調べてみよ
う。

Q2　あなたが海外赴任を命じられたら，どのような準備をしますか。どのような情報をど
こから集められるのか具体的に調べてみよう。

【解説】

1 外国人労働者の受け入れ

　介護，建設，外食，農業，漁業など深刻な人手不足に陥っている産業の現場を日本人に代って担っているのは，（日本で就労する外国人の4割を占める）**外国人技能実習生**や留学生たちだ。もとより，技能実習は技術移転による国際貢献を目的としたものであり，留学は学習が目的のはずである。しかし，実際には日本社会を支える安価な労働力の供給源となっている。

　2018年，政府はついに出入国管理法（入管法）を改正し，新たな在留資格「**特定技能**」を創設した。これは，明確に労働力確保を目的とした制度であり，いわゆる外国人単純労者の受入れが解禁されたことを意味する。だが，即戦力とされる「特定技能」の在留資格を得るためには，日本語試験や分野別の技能測定試験への合格が求められるなどハードルが高い。そのため，実際には試験が免除となる「技能実習2号」の修了生を呼び戻したり，滞在延長したりするものとなり，技能実習制度との一体運用となる可能性が高い。これまでにも，技能実習の現場では，賃金トラブルや深刻な人権侵害，過労死の問題が指摘されてきた。また，留学生についても，手数料や賃金を搾取する悪質ブローカーが跋扈している。この現状を改善することなく，その上に新たな制度を積み上げても，持続的な労働力確保にはつながらないだろう。

　欧米先進国のみならずアジアでも既にいくつかの国では人口減少局面に入っている。近隣では，シン

外国人技能実習制度：
開発途上国の経済発展を担う「人づくり」に寄与するため，日本の技能，技術を学んでもらうことを目的として1993年に創設された制度。「技能実習は，労働力の需給の調整の手段として行われてはならない」と法律に明記されている。

特定技能：
2019年4月施行の新しい在留資格。介護，建設，農業など14業種で受け入れる「特定技能1号」は最長5年までだが，その後に技能試験に合格すると永住可能で家族を帯同することもできる「特定技能2号」となり，事実上の「移民」となりうる。

ガポール，韓国，台湾などがすでに外国人労働者の受け入れを行っており，制度や枠組みにおいて先行している。日本は世界の事例に学びつつ，人材（労働力）をめぐる国際競争の中で，働き手から「選ばれる国」にならなければならない。

2 多文化共生社会にむけて

　第二次世界大戦後の好況を背景に，1960年代から欧州各国は労働力不足を補うため，多くの移民，外国人労働者を受け入れた。スイスの作家マックス・フリッシュは，「我々は労働力を呼んだ。だが，やってきたのは人間だった（"we wanted workers, but we got people instead"）」という言葉を残している。短期間に加わった移民，外国人労働者たちと宗教や文化の違いを越え，ひとつの社会を作ることは容易なことではなかった。多くの失敗を繰り返し，半世紀以上も**社会的包摂**のための努力が続けられているが，今日でも，この問題が政治的論争の中心になっていることは既知のとおりである。

　日本でも，外国人労働者の受け入れが決まるや，治安悪化，住環境悪化の懸念が示されている。外国人労働者の研修施設建設をめぐり，住民から反対運動がおきているというニュースも伝えられた。外国人労働者は受け入れるけれど，近所には来ないでほしいという，**NIMBY**的な雰囲気が日本社会にあることは否定できないだろう。だが，差別や排除の先には，テロや**ヘイトクライム**を生むような悲劇的な未来しかないことは，欧州の経験からも明らかである。受け入れを決めた以上は，企業，地域社会，な

社会的包摂（social inclusion）：「排除」の反対語としての「包摂」。差別や排除，孤立や孤独のうちにある人びとを救い出し，社会的弱者を含む，あらゆる立場の人びとを社会の一員として取り込み，支え合うこと。

NIMBY：
Not In My Back Yard（私の裏庭にはやめて）の略語。たとえば，ゴミ処理施設など公共のために必要であることは理解するが，自分の居住地域内に作ることは反対という住民の姿勢や態度のこと。施設に対してのみならず「よそでやって」という考え方も含まれる。

ヘイトクライム（hate crime）：人種，宗教，肌の色，性的指向などを理由とした憎悪，嫌悪あるいは偏見を動機とする犯罪。暴力や嫌がらせだけではなく，言葉による暴力（ヘイトスピーチ）も含まれる。日本では「いじめ」と括られる行為も，欧米では明確に犯罪とされる。

により個人が，覚悟をもって多文化共生に取り組む
必要がある。

3 異文化組織のマネジメント

　グローバル化が進展すれば，ひとつの組織のなか
にさまざまな文化的背景を持つ人びとが混在すると
いう状況が生まれる。多文化の混在は，組織内に
ディスコミュニケーションをおこしやすく，誤解や
齟齬によって業務が滞ったり，意思決定スピードが
低下したりするなどのリスクもある。特に，これま
で同質性の中にあって，阿吽の呼吸や忖度をもって
仕事をしてきた日本人にとって，異文化との協働に
は困難がともなう。

　だが，今日ではむしろ文化の多様性は，創造力や
問題解決力にプラスになると考えられており，異文
化間に**シナジー効果**を生みだすようなマネジメント
が期待されている。

　それでは，組織にプラスの効果を生み出す異文化
マネジメントに必要なことは何か考えてみよう。第
一に，各自が自文化を正しく理解すること。文化に
は多重性があり，ひとりの人間の中にも多くの文化
がある。コミュニケーションをとる相手との「相違
点」を正しく認識するためには，自らを構成する文
化の理解が欠かせない。第二に，組織内で異文化間
の接触・交流が活発に行われること。たとえば業務
以外でのインフォーマルなコミュニケーションを組
織の予定に組み込むなどの工夫が必要だろう。第三
に，意思決定のプロセスや，評価の方法を透明化す
ること。客観的に判断可能な材料，数値などを示す
ことによって，決定に対する納得感，公平感がうま

シナジー効果：
相乗効果のこと。異なった業態
やビジネススタイルの融合によ
り1プラス1が2以上の効果を
あげる場合など。また，異なっ
た文化の接触によっておきるプ
ラスの相乗効果は，異文化シナ
ジーと呼ばれる。

れる。最後に，組織メンバーが一致団結できるような上位目標を策定すること。多文化組織には，メンバーの結束力が弱いという難点があるのだが，日常のささいなコンフリクトを乗り越えるためには，メンバーの間での，より高い目標の共有化が効果的である。

4　異文化トレーニングの必要性

人が新しい文化環境に適応する過程は，時間的経過とともに段階的に変化すると言われている（図表2-7-1）。異文化と接触した場合，おおよそ0～3カ月間は，異文化の刺激を新鮮に感じて多幸期にある。ところが3～9カ月になると，文化差異に困惑し，疲労し，異文化に嫌悪さえ感じる**カルチャーショック**状態になる。10カ月～2年になると，カルチャーショックから立ち直り学習する文化受容期をむかえる。2年を過ぎると適応は一定の水準に達

カルチャーショック：
実際の文化的な差異だけでなく，事前イメージ，事前情報との差異からもショックは引き起こされる。驚きや戸惑いのレベルから，強い不信感や嫌悪感といったレベルまである。食欲不振，不眠，うつ病などの身体的不調を引き起こすことがある。

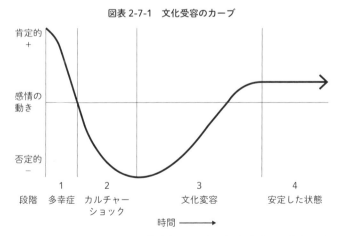

図表 2-7-1　文化受容のカーブ

出典) G.ホフステード(1995)『多文化世界－違いを学び共存への道を探る』
　　　有斐閣，223 頁，図 9-1 より一部改

Part II　組織からマネジメントを考える

し，精神の安定した状態をむかえる。（期間に個人
差はもちろんある。）

　異文化と働く者は，この文化受容の経緯を理解
し，自分自身の状態を把握することが大切である。
特に，誰にでも訪れるカルチャーショック期には，
組織内でトラブルを起こさないように気をつけなけ
ればならない。今日では，さまざまな異文化間コ
ミュニケーションの手法が開発されており，**異文化
トレーニング**のメソッドもある。異文化との協働
の前に，十分な教育が行われることがカルチャー
ショックを和らげ，文化受容をスムーズに行うため
に必要とされる。異文化トレーニングは，言語の学
習以上のもので，たとえば，テキストや映像を使っ
ての情報収集，経験者からのレクチャー，事例学
習，文化シミュレーション，実際に異文化接触をま
じえた経験型トレーニング，行動を他文化の視点で
分析する行動修正トレーニングなどが含まれる。

異文化トレーニング：
アメリカでは1960年代から国外に勤務する役人や軍人とその家族のために，言葉の背景にある文化の理解や，赴任先ローカルの人びととのより良いコミュニケーションを目指す研修プログラムが開発された。日本では企業の海外進出にともなって1980年代から取り入れられた。

5　異文化摩擦（コンフリクト）解消にむけて

　今日では，**文化相対主義**的な考え方が浸透してい
るし，また異文化トレーニングなども実施されてい
る。それでも，組織において個々のメンバーはまっ
たく対立を望んでいないにもかかわらず，それぞれ
が背景にもつ文化の違いゆえに，異文化摩擦は生じ
てしまう。協働の現場で生じる異文化摩擦の要因に
は，①仕事を行う上での「方法・行為」の違いに基
づくもの，②「考え方・発想」の違い，③日常での
「習慣・宗教」の違い，④単純だが根深い「心理的・
感情的」なものなどがある。

　さらに文化が多重的な構造をもっていることは問

文化相対主義：
かつて（といっても20世紀半ばまで，一部では現在も）西欧を中心に文化に優劣，「洗練された（すすんだ）文化」と「粗野な（おくれた）文化」があると考えられていた。だが，文化には絶対的な価値基準などありえず，各文化にはそれぞれ固有の価値があり，それらは対等であると考え，受け入れていこうとする態度のこと。

題を難しくしている。ひとりの人間の中には，たとえば「日本人」，「関西出身者」，「仏教徒」，「菜食主義者」，「エンジニア」など同時にいくつもの文化的要素が存在する。ある行動が，どの文化的要素に起因したものか慎重に検討しなければならない。

コンフリクトの解消方法については，**フォレット**の思索が参考になるだろう。通常，コンフリクトの解消には①一方が他方の意見を打ち負かす抑圧的方法か，②双方が歩み寄る妥協的解決法がとられる。しかし，このどちらもコンフリクトの種を将来に残すことになる。そこで③双方の欲求が満たされるような第三の道を創造する統合的解決法が望まれる。フォレットによれば，コンフリクトは悪ではなく，「相違」が正しい形で表出したものであり，それは「解決すべき何か」の存在を教えてくれている。それを建設的に処理することで，コンフリクトはむしろ我われにとって有益なものになる。統合的解決方法，すなわち，第三の道の構築は，両者を新たな次元へと導く創造的解決法であるという。

組織内異文化摩擦についても，一方の文化による抑圧や，双方の妥協は根本的な解決とはならない。発見された相違を放置せずに，協働の現場に必要な第三の文化を構築していく姿勢が重要なのである。

フォレット：
Follet, M. P., 1868-1933。 アメリカの社会活動家。大学で政治学，歴史，法律などを学んだ後，郷里ボストンで20年以上も社会活動に携る。この時期はアメリカ経営学の黎明期であり，彼女の組織内コンフリクトへの注目，人間が相互に影響しあうことによって生まれる動態的性格の重視などは経営管理の研究に先行的かつ斬新な洞察を与えた。

【参考文献】
「"家族と日本で暮らしたい"密着外国人技能実習制度」『NHK おはよう日本』2016 年 12 月 17 日
「若い移民，成長への原動力　開放進める豪州，家族帯同へ道」『朝日新聞』2019 年 1 月 7 日

2-8
ワークライフバランスをたもつためには？

Story 1

プラダを着た悪魔の職場で生き抜け！
―組織文化を知り，自己を啓発する―

　新しい職場で働くことには，さまざまな葛藤がともなう。映画「プラダを着た悪魔」（アン・ハサウェイ主演）では，ファッションの世界に飛び込んだひとりの女性が，プロの仕事の世界で葛藤し，成長する様子が描かれている。

　ジャーナリストを目指して就職活動をしていたアンドレアは，ファッション雑誌『ランウェイ』のカリスマ編集長ミランダのアシスタント職を得る。真面目でファッションに興味のない彼女にとっては，女性たちの憧れの的であるこの仕事もキャリアの第一歩に過ぎなかった。「数年ここで働いて認められれば，いずれは大手文芸出版社への推薦状を書いてもらえるだろう」という，ちょっとしたたかな見通しがあったのである。

　ところが，実際の仕事は甘くなかった。彼女は，見たことも聞いたこともないブランドやデザイナーの名前，ファッション業界の専門用語などを的確に理解しなければならなかった。同僚たちは，ファッションの最先端『ランウェイ』の一員であることに，心からの誇りと喜びを抱く者ばかり。ダサい新人アシスタントは見下され相手にされない。さらに，上司ミランダは，『ランウェイ』編集長というだけではなく，有名デザイナー達にも絶大な影響力を持つ，ファッション業界のカリスマであり，スタッフ全員が彼女を崇めていた。

　当初は我関せずの態度を取っていたアンドレアだったが，ミランダや同僚たちとのやり取りのなかで，その姿勢は大きく崩されていく。ある日，スタッフ全員で来季のベルトのデザインについて真剣に討議していると，傍で見ていたアンドレアは，「どれも同じ」と思わず笑ってしまう。この態度に対しミランダは，あなたがいま着ているそのセーターの色も，数年前の私たちがこうして

選んだものだとたしなめる。有無を言わさぬミランダの指摘にアンドレアは退散せざるを得ず，自分の席に戻ると，何かを決心したように，ペタンコ靴からD&Gのヒールへと履き替えるのであった。

　また，ある日には，ハリケーンでフライトが欠航になったが，翌日の娘たちの発表会に間に合うように帰りたいので，どうにかせよという無茶すぎるオーダーがミランダから下される。アンドレアは予定をキャンセルし，あらゆる手を尽くすが，結局失敗に終わる。翌日ミランダは，あなたを選んだのは，これまで雇ってきた「細くてスタイリッシュでランウェイ誌を崇拝しているバカな子たち」とは違う「身体は太いが利口な人材」と思ったからだが，とんだ見込み違いだったと吐き捨てる。

　この言葉に耐えかねたアンドレアは，長年ミランダの右腕として活躍してきたナイジェルに「私はこんなに努力しているのに，ミランダは分かってくれない」と吐露する。これに対し彼は「お前は何もやっていない。愚痴を垂れているだけだ」と諫める。この厳しくも穏やかな諫言に何かを悟ったアンドレアは，ナイジェルに頼み込み，雑誌の撮影や取材で使った最先端のブランド品のサンプルを廻してもらい，着こなしやメイクアップの手ほどきを受けて，変身しようと努力する。これをきっかけに，アンドレアは徐々に周囲から認められるようになり，アシスタントの仕事をこなすようになる。

　私たちは「就職」というライフイベントを通じて，あるいはそれまで所属していた組織から別の組織に移るときに，それまで触れたことのないような「価値観」を共有することで結束を図っている場面に遭遇する。そのような状況に直面したとき，困惑し，戸惑うが，私たちは，これから参入するその小さな「社会」に適合するように，そこにおいて共有されている規範や知識をつぶさに観察しながら，自らの戦略を練っていく必要があるのである。

---

⑦ 考えてみよう！

Q1　アンドレアにとって，この職場で「生き抜く」ために最も重要なポイントとは何だったといえるだろうか。

Q2　あなたがアンドレアだったら，この職場とこの上司に認められるために，いかなる戦略を練るか。

Part II　組織からマネジメントを考える

Story 2
輝かしいキャリア，成功の末にあるものとは？
──自律性と没入的労働──

　再び，映画「プラダを着た悪魔」のエピソードから学ぶこととしよう。就職した当初のアンドレアにとって，『ランウェイ』誌編集部という職場はとにかくストレスフルで，家に帰れば恋人に愚痴をこぼし，「こんな職場早く辞めてやる」という思いを抱えたまま職場に行く日々であった。恋人はそんなアンドレアに対して「そんな仕事は早くやめてしまえ」という。

　あるとき，ミランダが夫と言い争いをしている場に鉢合わせしてしまったアンドレアは，ミランダからの恨みを買ってしまう。彼女はアンドレアに，娘達が読みたがっているからと，未刊行の人気児童書の原稿を入手するよう，またもや無茶な要求をする。アンドレアはこの仕打ちに呆れ返り，「もう仕事を辞める」と電話口で恋人に告げる。

　その日の夜，昼間にアンドレアから仕事を辞めると聞いていた恋人は，彼女を励まそうと食材を買い込んで帰宅する。しかし，アンドレアは，ミランダの娘から預かった理科の工作の宿題を代わりにやっているではないか。実は，恋人への電話の直後，アンドレアはとある思いつきから，なんとかこの無理難題を克服したのであった。アンドレアに原稿を手渡されたミランダは，昨夜の一件を放免にせざるを得なかったが，一方でアンドレアも，何事もなかったかのように，ミランダからの私的な雑務を喜んで引き受けたのであった。

　彼は，苛立ちを隠さず彼女を問い詰める。彼の眼には，彼女の趣味を変えさせ，無理難題を押し付けて，私生活においても常に携帯で縛り付けるような上司は，見限って当然の存在として映っていたのだろう。それにもかかわらず，なぜアンドレアは喜んでこれを受け入れているのか。2人の間には，仕事の仕方やプライベートとのバランスについて，徐々に意見の相違が生じ始める。そしてこの状況は，旧友たちとの間で企画されていた恋人の誕生日パーティを，アンドレアが仕事で欠席してしまったことで，決定的なものとなる。そしてついに彼女のことを信じられなくなった彼は，「距離を置こう」と提案する。

ミランダからの信頼も獲得し，難しい仕事を次々とこなすようになるうち
に，アンドレアにとって，今の仕事はとても楽しいものとなっていた。その反
面，プライベートでは，それまで親密であった交友関係を維持し続けることに
無配慮になっていき，状況は悪化の一途をたどった。ナイジェルにこのことを
相談すると，「プライベートに支障が出る時，それは昇進の時期だ」という。
アンドレアは，ミランダも同じようにプライベートでボロボロになりながら，
今の地位を確立していったことを，身をもって理解するのであった。

職場環境に慣れ，その規範や文化，仕事に関する知識が増え，成功体験を得
ると，それよりもさらに多くの成功を得ようとして，つい仕事に没頭しがちに
なる。そしてそれは，プライベートの親密な人間関係を軽視したり，後回しに
してしまったりすることに繋がることが少なくない。

基本的には，仕事とプライベートのバランスを保つことは，働く当人の責任
である。一方で，自発的な仕事への没頭を最初から期待して，従業員を働か
せ，またモチベートするような組織が存在することも事実である。企業が従業
員に対して自律的，主体的な働きを期待してさまざまな施策を講じることと，
従業員の働きすぎやワークライフバランスの崩壊といった問題は，実はコイン
の表と裏の関係にある。さて，プライベートを犠牲にしてまでキャリアに執着
してきたミランダの姿を目の当たりにしたアンドレアは，その後どのような身
の振り方をするのか？　物語の結末は，ぜひ作品を観てほしい。

---

⑦ 考えてみよう！

Q1　アンドレアにとって，ファッションの仕事はどのようなものになっていったと考え
　　られるか。
Q2　アンドレアは，なぜ恋人からの別れの提案を，強く否定したり，回避したりするこ
　　とができなかったのだろうか。

📖 調べてみよう！

Q1　仕事とプライベートのバランスが崩れることに起因した社会問題を調べてみよう。
Q2　日本では，従業員のワークライフバランスの是正のために，国や企業はどのような取
　　り組みを行なっているだろうか。調べてみよう。

Part II 組織からマネジメントを考える

【解説】

　この章の2つのStoryの主題は，一見すると組織の中で活躍する個々人が，一人前の働き手として活躍するために，どのようなハードルをどのように乗り越える必要があるのか，そして一人前になった暁には，どのような喜びと葛藤が待ち受けているのかといった，いわゆるキャリア開発にあるのではないかと思われた方もいるかもしれない。

　しかしながら筆者がこのStoryを提示した目的は，単にキャリア開発における処世術について述べたかったからというわけではない。むしろ，このStoryの背後にあるさまざまな社会現象について解説を加えていくことで，読者が「職場で一人前になること」のポジティブな側面とネガティブな側面とについて，理解を深める一助となれば，という願いが，本章を記す主要な動機である。

　なかでも，読者自身が，単に管理される存在としての労働者というイメージではなく，組織に戦略的に参入し，従事する労働に独自の意味と意義を見出す主体であるということを肌感覚で理解できるようになることを目的に，説明を進めていきたい。

1　組織文化と組織社会化

　エドガー・H.シャインは，かつて存在していたコンピューターメーカー，DEC社への経営コンサルティングの経験を土台とした事例研究から，企業の盛衰にその企業組織に独自の文化が密接に関係することを解き明かした。経営学のなかでも，特に組織行動論と呼ばれる領域では，任意の組織におい

て，そのメンバーの間で共有される行動規範や価値基準，思考様式で，企業の盛衰にも大きな影響を及ぼすものを，**組織文化**という。

Story 1でも明示したように，人は誰しもが，最初からその組織のメンバーであるわけではない。アンドレアがまさにそうであったように，その組織に適合するために，行動や考え方を改める必要がある場合がある。たとえファッションに興味がなかったとしても，その組織の中でうまくやっていくためには，ファッションの知識が必要不可欠である。加えて，組織のなかで重視されている美を追求する意識や価値観を共有するか，少なくとも共有しているように他のメンバーの前でふるまうことも，自分自身がその組織のなかで認められ，成果を上げていくためには重要となるだろう。

このように，新しく組織に加わったメンバーが，その組織のメンバーとして認められ，組織文化や仕事に関する知識，役割などを把握し，組織に適応していく過程を，組織社会化という。

組織文化：
シャイン（1985）は，これを，「任意の集団が外部への適応や内部統合といった問題に対処する際に学習し，その結果，発明・発見，または発展させられていくととなった基本的前提認識のパターン」であると定義している。

2 「規範的統制」という眼差し

一般的に組織文化というと，その組織が長い年月を経るなかで，その組織内のメンバーの相互行為によって，自然に発生するものという理解がなされることが多い。しかしながら，研究者のなかには，こうした組織文化・規範を明文化し，積極的に組織統制のためのツールとして巧妙に活用している企業もあると主張する研究もある。

経営学者のギデオン・クンダは，あるIT企業への参与観察を通じて，現場の従業員が自発的に，し

かも楽しみながら没入的に労働に従事していく様を，企業による文化的な従業員統制の結果であるとみなし，「規範的統制」と呼んでいる。彼は，参与観察した企業の従業員を，単に企業からの統制の試みに盲目的に追従していると捉えていたわけではない。むしろこれらの従業員は，主体的な判断能力をもった人間であり，企業側の働きかけから距離をとろうと試みている存在として描いている。しかしそれにも関わらず，彼らは結果的には，企業の巧妙な働きかけにより，最終的に自ら心身をすり減らしてしまうほど仕事に没頭してしまうのだという。

こうした現象は，例えば本章の2つのStoryにおいて描かれるアンドレアの姿にも通ずる。彼女は職場内でうまく立ち回っていくために，もともとは興味のなかった，むしろ馬鹿にしてすらいたファッションの世界のさまざまな価値観を，少しずつ受け入れていく。彼女は同僚に頼み込んで，自身では手に入らないアイテムを次々とスタイリングに取り入れ，それによって受ける周りからの目線の変化すら，楽しむようになっていった。

しかしやがて職場に馴染みたい一心で受け入れた価値観は，やがて彼女自身の行動規範となっていく。ファッションのため，あるいはミランダがよりよい仕事をするためには，「アシスタントとして自らの人生を捧げてもいい」，「そのためにプライベートが圧迫されたり，破綻したりしたとしても仕方ない」といった暗黙の規範に対する了解を，アンドレア自身が自ら進んでするようになるのである。

このように，確かに従業員自らが喜んで上司や職場に従うように促す規範的統制の視点は，知識労働

者に自律的に働いてもらうことを期待する情報産業
や，メディア産業などにおける企業のマネジャーた
ちにとって，魅力的な示唆を与えるものであろう。

3 「デスマーチ」と「ブラック企業」

ただし，我々がStoryから学びうることは，何も
ポジティブな点だけではない。Story 2で描かれて
いるように，アンドレアは職場での成功と引き換
えに，自分のプライベートにおける人間関係がギク
シャクしてしまい，恋人と破局してしまった。この
ように，「規範的統制」と呼ばれる企業の取り組み
やそれに応じる従業員という構図には，ポジティブ
な側面だけではなく，従業員の心身の健康や社会関
係にもたらす負の側面もあるのである。

IT業界のエンジニアの職場にみられる「デスマー
チ」と呼ばれる現象は，こうした「規範的統制」の
もつネガティブな側面として描かれるものの典型で
ある。これは，ソフトウェア開発の現場で，チーム
内のエンジニアが自分だけでは処理しきれないほど
の仕事を自ら進んで引き受けてしまい，結果的に連
日の残業や休日出勤を余儀なくされ，仮にその案件
を達成できたとしても，「燃え尽き症候群」のよう
に，心身共に不調をきたしてしまうことをいう。

クンダは，この「デスマーチ」と「規範的統制」
とを結びつけた議論を展開しているが，実際，こう
した「規範的統制」の従業員への受容を最も巧妙
に，しかも戦後の長きにわたって実現してきたの
は，いわゆる「**日本的雇用**」という慣行であり，そ
れらの担い手である日本企業であった。

この慣行は，「会社員」というメンバーシップを

日本的雇用：
終身雇用（長期安定雇用），年
功序列，企業別組合という3つ
の特徴からなる日本の雇用制度。

付与された従業員が，終身雇用と年功賃金とを引き換えに，柔軟に企業からの命令を受け入れるというものであり，多くの研究者によって，「長時間労働」や「過労死」の背景に，こうした慣行に基づく企業や労働者の行動があったことが指摘されている。

今野晴貴は，こうした従業員に対する企業の取り組みを，単に個々の職場の現象としてではなく，法律や行政，教育機関を含む社会構造全般がこれを容認する構造に基づいた現象であることを指摘し，「ブラック企業」問題として提起しているが，クンダの指摘に基づけば，「デスマーチ」という現象は，「さまざまな主体が規範的統制を受容し，それを前提として行動した結果として問題が生じる」という意味で，「ブラック企業」問題とも親和性の高い現象であるということができよう。

4 「デスマーチ」は「規範的統制」の結果か？

ただ，この「規範的統制」を，果たして本当に企業が自身の意図に基づいて実施し，望むような成果を実現できているかは，慎重な検討が必要である。

宮地弘子は，自身がITエンジニアとして過酷な「デスマーチ」状態に陥った経験から，こうした現象は企業の「規範的統制」の結果を従業員が受容して起こるわけではなく，「他人の仕事に手出し・口出しをしない」というエンジニア間で共有されてきた旧来的な規範とそれに基づく働き方と，企業側で実施する工場労働的な労務管理とがミスマッチを起こした結果であるということを明らかにしている。つまり，エンジニアたちが「あたりまえ」に共有している自律的な働き方そのものが，「デスマーチ」

を加速させているというのである。

　この観点からすれば，少なくともIT労働現場における「規範的統制」は，施策として十分な影響を現場にもたらしていないということになる一方で，「デスマーチ」の根源であるという指摘も，的を外した主張となってしまう危険があるのである。

5　私たちは「規範」を乗り越えられるか？

　このように，知識労働の現場では，その専門的な内容やそれらが培われてきた歴史的文脈のなかで，「働くこと」に関する独特の規範が共有されていることがある。特に日本的雇用が現代においても根強く残る日本社会でキャリアを歩むのであれば，私たちは何層にも重なった，労働に関するさまざまな規範に埋め込まれて生きていくことになる。

　そしてそれは，企業が従業員を主体的に働かせようとする意図の有無を超えて，働き手のキャリアや社会生活やプライベートに大きな影響を与えるものである。だからこそ，私たちは，自分たちが置かれている環境，職場から社会全般に至るまで，「あたりまえ」になっているさまざまなルールや規範が実現する論理を，ひとつひとつ，自身で読み解いていく必要があるといえるのである。

【参考文献】

映画『プラダを着た悪魔』（製作年：2006年，製作国：アメリカ，配給：20世紀フォックス，監督：デヴィット・フランケル）

ギデオン・クンダ（2005）『洗脳するマネジメント〜企業文化を操作せよ』日経BP社。

今野晴貴（2012）『ブラック企業―日本を食いつぶす妖怪―』文春新書

宮地弘子（2016）『デスマーチはなぜなくならないのか―IT化時代の社会問題として考える―』光文社新書

Schein, E. H. (1985), *Organizational Culture and Leadership: A Dynamic View*, Jossy-Bass.（梅津祐良・横山哲夫訳『組織文化とリーダーシップ』白桃書房，2012年）

2-9
人生100年時代の新しい働き方とは？

Story 1

社員発，ロート製薬の「社外チャレンジワーク制度」
——働き方の多様性——

　2016年ロート製薬株式会社は，会社や部門という枠組みを超えた働き方に挑戦できる，「社外チャレンジワーク制度・社内ダブルジョブ制度」を制定した。同年に，政府が推進した「働き方改革」では，長時間労働の是正や非正規雇用の処遇改善などとともに，「多様で柔軟な働き方の実現」がテーマとなっていたため，このロート製薬の取り組みは，大企業による副業解禁として話題になった。「社外チャレンジワーク」は，入社3年目以降の社員を対象として，本業に支障をきたさない時間（就業時間外，休日＝自身の時間）を使い，社会に貢献したいという社員に兼業を認めるものである。初年次に25名，翌年には50名以上が参加している。目薬の無菌製造現場での経験を活かし，奈良の米を使った地ビールを開発した事例や，薬剤師の資格を持つ社員がユーザーの生の声を聞くためドラッグストアへの勤務を希望した事例もある。また，「社内ダブルジョブ」とは，一部の就業時間を他部門でも働くという制度で，他部門との連携からさらに一歩踏み込んだ正式な部署兼務となる。「広報部門に所属しながら新製品開発に携わりたい」，「営業職であるが人事部でも働くことで女性の働き方を支援したい」など，動機はさまざま。より良い仕事をしたいという社員のニーズを満たす制度となっている。

　この斬新な人事制度は，会社側のトップダウンで整備されたものではない。2003年から続く社内プロジェクトAKR（明日のロートを考える）に参加した社員たちの提案から始まっている。時代が移り，社会が変化して，生き方も多様になっている中で，大企業の社員でさえ「このままでいいのか」，「いつまでも同じ働き方でいいのか」と自問自答したという。その結果，「自分たちが，

これから成長していくために，こんな働き方をしたい！」という，「働き方宣言」が発案され，やがて2つの人事制度へとつながっていった。

　ロート製薬といえば，明治時代からつづく目薬で有名な老舗であり，一般医薬品目薬市場のシェア30％以上を占めている。近年では，スキンケア・化粧品事業が大きく伸び，売上の約7割を構成している。定番の「メンソレータム」シリーズをはじめ，シニア女性をターゲットとした「50の恵み」，男性用スキンケア「OXYオキシー」などのブランドを開発してきた。さらに，2013年以降は，食・農業や再生医療等の新規事業への挑戦も進めている。社外チャレンジによって，社員が社内では得られないような新たな経験，知見，人脈を得ることは，イノベーションの促進につながる。社員のアイデアから生まれた社外事業が上手くいけば，ロート製薬にとって新たな投資機会にもなる。多様な働き方を認めることは，社員個人の成長に寄与するだけではなく，企業の競争力強化という観点からもプラスと考えられている。

　一般的に，副業を認めると本業が疎かになるのではないか，副業をきっかけに優秀な人材が辞めてしまうのでは，と懸念される。ロート製薬CEO山田氏は，この考えを否定し，「副業がなければ本業に集中するのか」，「そもそも会社の事業やビジョンに魅力がなければ，優秀な人材は逃げていく。副業を禁止して逃げないように囲い込むという話は成立しない」と述べている。「企業栄えて，国滅びる」にならないためにも，従来のように1人が1人分，1分野で働くだけではなく，余力や才能を生かした働き方をして生産性を上げることが，人口減少の日本に必要なことであると考えている。

---

⑦ 考えてみよう！

Q1　「副業を認めると本業が疎かになる」と考えますか？

Q2　ひとりが複数の部署を兼務すれば，当然，不在の時間が生まれる。社内ダブルジョブ制度を運用するために必要なマネジメントとは？

Q3　「多様な働き方」を認めている企業や，ユニークな制度を調べ，その効果を検討してみよう。

Part II 組織からマネジメントを考える

Story 2
NPOクロスフィールズの留職プログラム
─仕事と社会の関係を考える─

　若手の幹部候補社員が企業派遣で海外のビジネススクールに留学というのはよく聞く話である。では，「留職」という言葉を聞いたことはあるだろうか。

　2011年設立のNPOクロスフィールズが提供する「留職」プログラムは，民間企業の社員が，新興国へと数ヶ月間にわたって赴任し，現地の社会課題に取り組むNGO，NPOの一員として活動するというものである。参加者には，自社の本業で培った技術や経験を「社会を変える現場」で発揮することが求められる。インドの農村医療改善，カンボジアの貧困女性に対する職業訓練，ラオスの無電化地域での太陽光発電など，タフな環境の中で難しい課題に取り組まなければならない。現在，Panasonic，日立製作所，NEC，ハウス食品，資生堂など名立たる企業40社以上が留職プログラムを採用している。これまでにアジア10カ国で，150以上のプロジェクトが実施されている。留職期間は3カ月から1年ほどで，派遣されるのは20代36％，30代58％と若手社員が中心である。新興国の現場で活躍できそうなエンジニア，技術職，研究職だけではなく，実際には営業職や人事・経理職の社員も参加し，成果をあげている。

　企業にとって社員を「留職」させるメリットはどこにあるのだろうか。クロスフィールズは3つの効果を挙げている。第一に，異文化環境の中で周囲の人びとと協力しながら課題解決に挑む経験が，リーダーシップの醸成，グローバルに活躍できるタフな人材の育成につながること。第二に，新興国の社会を肌で感じることができること。これは新興国市場の開拓や，BOPビジネス開発につながる。第三に，働く意義を再確認することができること。「考えるだけではなく，行動すること」が求められる現場で，情熱をもって社会問題の解決のために奔走するスタッフと時間を共にすることは，留職者自身のモチベーションを大いに高める。また，留職した同僚を支援しようと，社内に残ったメンバーがリモートチームを結成して，日本からプロジェクトに加わることで，学びや気づきが共有された事例もある。さらに，このようなチャレンジが可能

であることは，新卒リクルートや有能な人材の定着にも有効である。もちろん，現地受け入れ団体にとっても，日本人ビジネスマンが加わることは戦力になり，プロジェクトの前進につながる。

クロスフィールズ代表の小沼氏は，「留職」を「辞めない青年海外協力隊」と表現している。これには，仕事を辞めずに参加できるという意味と，帰国後も仕事を辞めないという意味がある。社員を送り出す企業の理念や方向性と合致し，留職者の本業と接続しやすいプロジェクトを留職先として選定することで，帰国後の離職を防いでいる。留職者の多くが，誰かの困りごとを解決するという，企業活動の原点に立ち返る体験をして，「働くこと」の価値を再び見出している。

志をもって就職した新人も，勤めて何年かすれば，日々の仕事に忙殺され，何のために働くのかを考えることも止めてしまう。小沼氏は，仕事を「志事」にしたいと言う。自らの仕事と社会とのつながりを認識することは，志を取り戻す上で大切なことなのかもしれない。「留職」は，そのためのひとつの手段である。

---

⑦ 考えてみよう！

Q1　日本でのソーシャルビジネスは NPO の形態をとることが多い。その理由を考えてみよう。

Q2　「留職」のような取り組みは大企業ではなく中小企業にこそ必要であると考えられるが，現状では費用がかかるため実現できていない。この問題に対して，実現にむけたアイデアを考えてみよう。

調べてみよう！

Q1　クロスフィールズのように社会を変革するような活動を行っている団体や企業を，日本国内，国外から調べてみよう。

Q2　（解説で取り上げた）プロボノワークの事例を調べてみよう。

【解説】

1　働き方改革とは

　少子高齢化による**労働力人口**の減少は，日本経済の未来に深刻な打撃を与えるだろう。2014年に内閣府が発表した予測では，現状のまま女性や高齢者の労働参加が進まない最も悲劇的なシナリオで，2060年の労働人口は3,795万人（2017年6,720万人）になる。対応策は，働き手を増やすこと，出生率を向上させること，労働生産性を高めることである。

　そのため政府は「働き方改革」が必要であるとして，①非正規雇用の処遇改善，②賃金引き上げ・労働生産性向上，③長時間労働の是正，④転職・再就職支援，⑤柔軟な働き方，⑥女性・若者の活躍，⑦高齢者の就業促進，⑧子育て・介護と仕事の両立，⑨外国人材受け入れ，の9つのテーマを示した。

　2018年には戦後の労働基準法制定以来，70年ぶりの大改革として，**働き方改革関連法**が可決された。これには，「時間外労働の上限の厳格化」や「年次有給休暇取得の義務化」が罰則ありの形で盛り込まれているが，設定された残業上限時間が過労死ライン月80時間を超える月100時間であることなどから批判もある。

　「Karoshi（過労死）」が初めて英語の辞書に掲載されたのは2002年。国際的にも日本の長時間労働は異常であり，毎月勤労統計調査によると，ここ10年間，労働者（パートを除く）の平均年間総実労働時間は約2,000時間と，1,500時間以下の欧州などと比べて高止まりの状態が続いている。残業を削減すること，有給休暇を取得することが目的化して

労働力人口：
15歳以上の人口のうち，「就業者」（働いている人）と「完全失業者」（働く意思と能力はあるが，働けていない人）を合わせた人口。生産活動に従事できる年齢（15歳〜65歳）の人口，すなわち，生産年齢人口とは異なる。

働き方改革関連法：
2018年に「働き方改革」の推進のために必要となる8つの労働法（雇用対策法，労働基準法，労働時間等設定改善法，労働安全衛生法，じん肺法，パートタイム労働法（パート法），労働契約法，労働者派遣法）の改正を行った。

しまい「時短ハラスメント」という言葉が生まれる
など，「働き方改革」は順調とは言えない。だが，
ロート製薬のように一部では斬新な取り組みが生ま
れており，今後の展開が期待される。

2　副業から複業へ

　総務省の「平成29年就業構造基本調査」によれ
ば，実際に副業をしている人は就業者の4%であ
る。副業解禁の流れがあるにせよ，副業を容認また
は推進している企業は28.8%にすぎず，7割の企業
は禁止している（2018年リクルートキャリア調査）。

　企業が副業を禁止する理由としては，「業務に専
念してもらいたい」，「業務上の機密を守るため」，
「過重労働を防ぐ」などがあるが，「企業内の秩序を
乱すおそれがある」ことも理由に挙げられている。
つまり，職場内で，副業により高収入を得ている人
が現れたり，副業のため残業を断る人が現れれば，
職場の和が乱れるというわけだ。何か失敗があれば
「副業なんかしているからだ」と言われかねない。
副業解禁には，制度だけではなく組織文化の変革も
必要である。

　だが，終身雇用で会社が一生の面倒をみてくれる
わけではない時代に，個人のキャリア形成を妨げる
ことはできないだろう。実際，憲法では「職業選択
の自由」が認められており，法律では公務員に対し
て以外には，副業を禁じる規定はない。企業は「**就
業規則**」により副業を禁止しているのだが，本来
は，労働時間外に個人が何をするかまで企業が規制
することはできない。本業に深刻な影響を与える場
合以外には，一定の制限のなかで副業は認められな

就業規則：
労働賃金，労働時間，労働条件，
就業上遵守すべき規律などにつ
いて事業場ごとに定めたもの。
労働者を常時10人以上雇用し
ている会社には，就業規則を作
成して，労働基準監督署に届け
出ることが義務付けられている。

ければならない。

　最近では，副業をサブの仕事ではなく，もうひとつの仕事という意味で「複業」と書くことがある。複業の目的は，小遣い稼ぎ・家計補助という経済的目的から，スキルアップ（プログラマー，アプリ開発，外国語翻訳など），社会参加（環境活動，地域活性，教育支援など），自己表現（本や漫画の執筆，ユーチューバー，役者など）へと多様化している。複業で得られる収入は，100万円未満の人が6割。それでも，キャリアの可能性を広げられること，自己の成長につながること，解放感があることなどを理由に複業が続けられている。これからの企業には，社員が複業で得た人脈や経験を，本業に活かせるようにすることこそが求められている。

3　キャリアに関する考え方の変化

　キャリア論ではさまざまなキーワードが示され，キャリアデザインの要諦が説かれてきた。たとえば，①自身の譲れない価値観を**キャリア・アンカー**として明確化させること。②自身の能力を4つの要因，Can（できること），What（したいこと），Did（してきたこと），Should（すべきこと）から見極めること。③20代から30代，40代へと年齢が上がるにしたがって変化する自身の役割を見直し，目標を設定するという**キャリアステージ**の概念。④職業生活，家庭生活，社会生活，自分生活という4つの生活（Life）の並立と充実を求める「4L充実」などがある。要するに，人生の中で，あれもこれも叶えることはできないので，自身の能力を見極め，優先順位を決めて取捨選択をしようということである。

キャリア・アンカー：
シャインは，人がキャリアを選択する際に，最も大切で，どうしても譲れない価値観や欲求のことを，キャリアの錨（アンカー）と表して，8つに分類した。変化に直面しても「何が大切か」という錨が，進路選択のよりどころになる。

キャリアステージ：
職業生活の節目のこと。初期は勉強し成長する，中期は組織の中核を担い，部下を統率する，後期はゼネラル・マネジャーまたは専門家となる，といったようにステージごとに組織内で果たすべき役割や目標が変わる。

だが今，このような考え方に変化が生まれている。

これまで，ワーク（職業生活）とライフ（個人生活）は相反するものとして捉えられてきた。そのため，両者の適切な配分を求めて**ワーク・ライフ・バランス**という言葉が使われてきた。しかし，本来，4Lはひとりの人間の中に統合されて存在し，どれかひとつだけが充実することなどあり得ない。そのため，最近では，**ワーク・ライフ・インテグレーション**という言葉が使われるようになっている。

報酬，やりがい，楽しみ，成長，仲間，社会貢献などを，ひとつの仕事の中に求めれば取捨選択が必要になる。このどれかを諦めるのではなく，本業，複業，ボランティアや地域活動などを組み合わせて，実現しようという考え方もある。リンダ・グラットンは『LIFE SHIFT』の中で，さまざまな仕事や活動に同時並行で携わる「ポートフォリオ・ワーカー」というキャリアを提示しているし，ドラッカーは，今から20年も前に**パラレルキャリア**という概念を示している。

長寿化が進み，人生100年時代とも言われる中で，最初の定年（60歳～65歳）から30年以上も続く人生をどう生きるのかも問われている。現役のうちから同時並行（パラレル）で，自身の活躍の場を作ることが重要になっている。

ワーク・ライフ・バランス：
Part II 2-6（75頁）参照。

ワーク・ライフ・インテグレーション：
ワーク（仕事）とライフ（私生活，プライベート）を，それぞれの人生観のもとで統合し，充実感や幸福感を得るために，その質を高めていこうという考え方。

パラレルキャリア：
ドラッカーは著書『明日を支配するもの』（1999）で，本業とは別の第二のキャリア（副業や社会活動）を持つ生き方を「パラレルキャリア」と名付け，21世紀のトレンドとして予想していた。

4　社会とつながる働き方

2000年以降に成人を迎えた世代は，ミレニアル世代（ミレニアルズ）と呼ばれている。この世代は，労働，消費，ライフスタイルにおいて，これまでとは違った価値観を持っていることが調査からも

Part II 組織からマネジメントを考える

明らかになっている。物質的な豊かさよりも精神的な豊かさを求めるとか，仲間とのつながりを大事にするとも言われている。そして，なにより社会貢献的志向が高いという。Cone Communications 社が行った調査によれば，ミレニアル世代の9割は「より社会的課題の解決に取り組んでいるブランド」から商品を購入することを望み，6割以上が「社会的責任を重視する企業で働けるのであれば報酬がカットされてもかまわない」と考えているという。

　日本でも，クロスフィールズ小沼氏，NPO Teach For Japan代表の松田氏，株式会社マザーハウス山口氏など，ミレニアル世代の社会起業家が注目を集めている。起業とまでいかずとも，今ある仕事を続けながら，あるいは，仕事を通じて，社会につながる働き方を求めることもできる。

　ボランティアのひとつの形態である「**プロボノ**」は，仕事を通じてこれまでに培った専門知識やスキルを活かして行う社会貢献活動である。たとえば，ビジネスパーソンならば，NPO事務局が特に必要としている経理，営業，調査分析などのスキルを持っている。その能力を，必要とされている場所で発揮することは，挑戦でもあり，喜びでもある。「留職」と同様の効果が期待できるほか，CSR活動にもつながるため，企業がプロボノワークを支援する動きもある。

　あるいは，社会的課題の解決にビジネスを立ち上げることによって挑むという「社会起業家」の役割を，企業にいながらにして果たす「**企業内社会起業家**」という働き方もある。自身の能力のみならず，社内のリソース，ネットワークを活用しながら，社

プロボノ：
ラテン語の「Pro bono publico（公共善のため）」の略。社会人が自分の専門知識や経験を生かして参加する社会貢献活動のこと。欧米では弁護士が無報酬で非営利組織を支援する活動から広まった。

企業内社会起業家：
起業家をアントレプレナー，社内起業家をイントレプレナーと呼ぶことから，企業内で仕事を通じて社会的課題の解決に挑む人をソーシャル・イントレプレナーと呼ぶ。

会をより良くする仕事に取り組むものである。た
とえば，ANA「Blue Wingプログラム」は，世界
をまたにかけて活躍する社会起業家の航空移動を
ANAがサポートすることで，国際線のブランディ
ングにつなげている。このプログラムは入社3年目
20代社員の発案からスタートしている。

5　キャリアデザインとは

　雇用慣行の変化，人材のグローバル化，AIの出
現などにより，働き方は大きく変化している。長期
安定の未来が望めない中で，どのように働くのか，
キャリアデザインが重要になる。**シャイン**は，キャ
リアについて考える基盤として3つの問い，すなわ
ち，①自分は何が得意か，②自分はいったい何をや
りたいのか，③どのような事をやっている自分な
ら，意味を感じ，社会に役立っていると実感できる
のか，これらを繰り返し内省することが重要である
としている。

エドガー・H・シャイン：
Edgar H. Schein, 1928-。アメ
リカの組織心理学者で組織文化
論，キャリア論に大きな研究成
果を残している。『組織文化と
リーダーシップ』，『キャリア・
サバイバル』などの著作がある。

【参考文献】
「兼業・副業に対する企業の意識調査（2018）」リクルートキャリア社
小沼大地（2016）『働く意義の見つけ方』ダイヤモンド社
「副業のススメ」『週刊東洋経済』2016年10月29日号
『ミレニアル世代のCSR（社会的責任）研究（2015）』Cone Communication社
リンダ・グラットン，アンドリュー・スコット著，池村千秋訳（2016）『LIFE SHIFT（ライフ・シフト）』
　　東洋経済新報社
ロート製薬ホームページ，プレスリリース（https://www.rohto.co.jp/news/release/2016/0614_01/，
　　2018年11月1日アクセス）
NPO法人クロスフィールズホームページ（http://crossfields.jp/，2018年11月1日アクセス）

Part II　組織からマネジメントを考える

本を読む 2

トップが組織を変えるためにできること

『社員の力で最高のチームをつくる—〈新版〉1分間エンパワーメント』
（ケン・ブランチャード，ジョン・P・カルロス，アラン・ランドルフ著／星野佳路監訳，
ダイヤモンド社，2017年）

原著 *Empowerment Takes More Than a Minute*
(2nd edition, Berrett-Koehler Publishers, 2001)

【ここに注目！】

　世の中のいわゆるカリスマ社長とは，何をしているのでしょうか。カリスマ社長は，自分の天才的ひらめきから部下に豪腕をふるいながら，組織を変革しているのでしょうか。星野リゾートの星野社長がカリスマ社長かどうかは（私は寡黙な風ぼうからカリスマ社長であると勝手に思っていますが），読者のみなさんの判断にお任せします。しかし，星野社長は少なくとも部下に豪腕をふるうカリスマ社長ではありません。星野社長は社員の力を最大限に引き出し，最高のチームを作り出す，エンパワーメントという考え方を支持しています（この本の冒頭で「今の星野リゾートは，この本がなければ存在しなかった」と述べています）。このブランチャートのエンパワーメントに関する著書を自らの経営の教科書とし，この本の内容をその一部だけでなく，この本の内容を徹底的に実践しています（この本の中で「このエンパワーメントを成功させるためのコツは，書かれている内容を一字一句，そのまま実践することだ」と書いています）。では，このエンパワーメントとはいったいどのようなことを指しているのでしょうか。そして星野社長は豪腕を振るわずに，このエンパワーメントでなぜ組織を変えることができたのでしょうか。

本を読む 2　トップが組織を変えるためにできること

【リーディングポイント！】

① エンパワーメントとは？　中堅家庭用品メーカー CEO マイケル・ホブスの組織変革の失敗事例と通信機器メーカー CEO サンディ・フィッツウィリアムの成功事例から考えてみよう。

② なぜマイケルの会社は，階層組織を減らし，従業員に自分で意思決定をするように促しても，組織はまったく変化しなかったのか。

③ エンパワーメントを実行するための3つのカギとその理由を知ろう。

④ この本の内容，特に監訳者あとかぎを踏まえて，星野リゾートの星野社長が組織のトップとしてどのようにエンパワーメントの旅に出る決断をし，問題を抱えた軽井沢の古い旅館を変革したのかを考えてみよう。

1　閉店直後に店を開けないのは，だれが悪いのか？

　この本の中では，エンパワーメントにまつわるいくつもの逸話が出てくる。その中で，マイケル・ホブスが「エンパワー・マネジャー」であるサンディ・フィッツウィリアムから，最初に質問をされる逸話が，「閉店直後に店を開けないのは，だれが悪いのか？」である。この話はエンパワーメントの旅の入口として興味深い。

　どうしても今日中に買いたいものがあり，そのものを買いにお店へ行ったものの，すでにお店の閉店時間が過ぎていて，残念な思いをした，という経験を多くの人がしているだろう。私もよくあることで，この場合，私ならば，同じものを売っている他のお店が開いていないかを，スマホで必死になって検索する。

　この逸話は，あるお客さんが閉店直後の店の前に着いたところからはじまる。店の中にはまだ店員がいて，店じまいをしている。そこでそのお客さんはどうしても今日中に買いたいので，店員に声をかけようと，店のドアをノックする。しかし，店員はたとえそのノックの音に気づい

111

Part II　組織からマネジメントを考える

ても，お客さんに見向きもしない。さて，この場合，だれが悪いのだろうか。あなたがお客さんであるならば，だれに腹を立てるのだろうか。

　この質問をサンディから受けたマイケルは，自分も似たような経験したことを思い出し，そのとき店長がその場にいなかったので，「もちろん店員が悪い」と答える。マイケルは，店員が時計を気にしながら店を閉めようとしていたため，お客さんがノックした音ですら気づかなかったのだと指摘し，おそらく店員はさっさと店じまいして，帰りたかったのだと推測する。

　マイケルの答えに対してサンディは「それは違います」と即答する。「確かに店員が早く帰りたがっていたのはその通り」かもしれないが，「腹を立てる相手が違います」と指摘する。そしてサンディは「よくないのは店のオーナーです」と答え，「オーナーが店員にオーナーシップ―これは自分のお店だという意識―を持たせていなかった」からであるとその理由を述べる。

　たしかに，店員がこの店が自分のお店だと思っていれば，たとえ閉店時間を過ぎていても，わざわざ来てくれたお客さんを見過ごすことはないだろう。そして少なくとも店員はドアを開け，どうしたのかとお客さんにたずねるはずである。したがって，責任は気づかなかった店員にあるのではなく，店員の「気づき」や「行動」を喚起することができなかったオーナーにあるのだ。この発想の転換がエンパワーメントの出発点である。

2　エンパワーメントとは？

　エンパワーメントという言葉から何を想像するであろうか。社員をエンパワーメントするという場合，どのようなことを思い浮かべるだろうか。

　社員をエンパワーメントするというとき，「部下にパワーを与える」

と考えるのではないか。たとえば，これまで社長自身が決めていた予算を，部下が自由に使えるようにすることによって，部下にパワーを与える。あるいは，これまで社長のみが決断していた提携先の選定を，いくつか部下に任せるようにすることによって，権限を委譲するといったようなことである。

　少なくともマイケル・ホブスは，エンパワーメントを上記のように考えていた。したがって，マイケルは社員にエンパワーメントの重要性を説き，組織をスリム化し，意思決定の権限を現場に委譲した。それによって，社員は自主的になり，顧客への対応がより迅速になると考えていた。つまり，社員をエンパワーすることができるはずであった。

　しかし，マイケルは社員をエンパワーすることができなかった。結局，マイケルの会社は社員に裁量を与えても，何も変わらなかった。いままで通り自分で決めるのではなく，上の人間に決めてもらおうとしたのである。マイケルは，エンパワーメントを間違ってとらえていたのだ。

　サンディはマイケルに「真のエンパワーメントはひとにパワーを与えることではない」とさとす。パワーを「与えてもらわなくとも，ひとはもともと，たっぷりのパワー―知識，経験，意欲―を持っていて，立派に自分の仕事ができる」。したがってエンパワーメントとはパワーを与えるのではなく，「社員がもっているパワーを解き放ち，それを会社の課題や成果を達成するために発揮させることである」と伝える。つまり，社員が本来，持っているパワーを会社のために最大限に引き出すことこそ，エンパワーメントである。

3　ピラミッドを逆にする

　社員をエンパワーし，組織を変革するには時間がかかり，そのために紆余曲折があるだろう。また，エンパワーメントにはいくつかの壁があ

ることが知られている。詳しくは本を読んでいただくとして，最後に，社員がエンパワーされるならば，組織をどのように変革できるのか，その組織の最終な形を示そう。その組織の最終な形が「逆のピラミッド」である。

「ここに2つの電話機の受話器があるとしましょう。赤は社長との直通電話，青はお客さまからの直通電話です。2つの電話が同時に鳴ったら，どちらから先に取りますか？」サンディの会社の情報サービス部門担当であるルイス・ゴメスはマイケルに質問した。

マイケルはこの質問に対して，一瞬考えて「赤の社長直通のほうでしょうね」と答える。しかし，ゴメスはマイケルの答えが間違っていることを暗に示す。つまり，この質問の答えは「青のお客さまからの電話を先に取る」である。マイケルが階層を減らし，意思決定の権限を現場に移譲しても，組織が何も変わらなかった，その原因が「赤の電話を先に取る」という答えに隠されていた。

青のお客さまからの電話を先に取るということは，社長より顧客を優先することを意味する。社長よりも顧客を最優先するのであるから，自分の上司よりも顧客を優先することになる。顧客を優先するならば，ひとつひとつ上司の指示を受けながら仕事はできない。なぜならば，「上司に指示を受けながら」でしか仕事ができない社員を顧客は信用しないからである。その結果，社員は自然に自分自身で責任を持って仕事をするようになるのだ。

組織のピラミッド，つまり，マネジメントの階層を減らし，フラット化するだけではエンパワーメントは行き詰まってしまう。なぜならば，どれほどマネジメントの階層を減らしても，「社員はお客さまに目を向けず，上司の顔色をうかがうばかり」であれば意味がないからである。社員の忠誠心が，会社や会社がめざすゴールではなく，自分の所属する狭い部門的利害に向かい続ける状態のままで，組織をフラット化するだ

けでは組織を変革することはできない。

　真のエンパワーメントを達成するためには，組織のピラミッドをフラット化するのではなく，ピラミッドを逆にしなければならない。ピラミッドの上下が逆になるように組織を変革するとき，組織の中にセルフマネジメントチームが生まれ，エンパワーメントが浸透したことになるのだ。

Part II 組織からマネジメントを考える

本を読む *3*

あらためて考える，良いリーダーとは？

『日本への遺言　地域再生の神様《豊重哲郎》が起こした奇跡』

（出町 譲 著，幻冬舎，2017 年）

【ここに注目！】

　大隅半島のほぼ中央に位置する鹿児島県鹿屋市串良町柳谷地区，通称「やねだん」。この人口 300 人の過疎高齢化の集落が，「奇跡の集落」として日本のみならず世界からも注目を集めています。自主財源を創りだし，補助金に頼らず，住民の知恵と力を結集して地域再生を実現し，なんと住民にボーナスまで支給したというのです。この本は，あふれる情熱とアイデアをもって集落を率いたリーダー豊重哲郎さんの言葉を集めた一冊です。人口減少対策や地域再生は，政治や行政のテーマとして扱われることが多いのですが，リーダーシップ，モチベーション，コミュニケーションなど，みなさんが経営学の講義の中で学んだ知識がビジネス以外の場所でも必要とされていることが実感できることでしょう。

【リーディングポイント！】

① 良いリーダーとは？　リーダーに必要な要素とは？　この有史以来の問いに，豊重さんはどのように答えているだろうか。

② 豊重さんが，集落の人びとを巻き込み，やる気を引き出し，みんなの行動を喚起するために行った数々の工夫に注目しよう。

③ 地域再生には，義理人情，夢，感動などビジネスの文脈では語りえないものが大切である一方で，ビジネス感覚もまた必要である。

④ 入社試験も昇任試験もない「地域」という現場で，リーダーの人材育成，後継者育成はどのように行われているだろうか。

本を読む3　あらためて考える，良いリーダーとは？

1　新・自治公民館長誕生

　鹿児島空港から車で2時間近く，バスや電車もない場所に「やねだん」はある。人口はわずか300人，65歳以上が4割のこの村は，20年前までは消滅するのも時間の問題だと思われていた。若い人は集落を離れ，青年団や婦人会といった地域の集まりも無くなっていた。盆踊りも途絶えてしまった。小さな集落の中で，住民同士の交流も減り，お互いの名前もわからないような状態だった。

　まさに危機的状況の1996年3月，それまで65歳前後の人が輪番で務めていた自治公民館長に当時55歳の豊重哲郎さんが選ばれた。「哲ちゃん，10年早いけどこの集落を君に託すから，頼むよ」沸き起こるエールの声と拍手に勇気を得て，豊重さんは新しいムラづくりへと一歩を踏み出した。豊重さんは地元の商業高校を卒業して，東京の銀行に就職している。29歳でUターンして，地元でウナギの養殖業を営みつつ，母校の上小原中学校のバレーボール部監督を20年務めている。

　自治公民館長となり，引き継いだ出納帳を見て驚愕した。記載されていたのは，貯金1万円，現金ゼロという数字だった。地域には経済力が必要だ，そのために自主財源を創らなければならないと，元銀行員はすぐに気がついた。

2　自主財源を創る

　「やねだん」のある地域は，かつてサツマイモづくりが盛んで，集落の高齢者はそのノウハウを熟知していた。だが，サツマイモは重く，高齢者には収穫が重労働であるため，あまり作られなくなっていた。豊重さんは，遊休地にサツマイモを植えて，それをでんぷん業者に販売しようと考えた。だが大人は簡単には動いてくれない。そこで，高校生たちに声をかけた。「サツマイモをつくって，東京ドームにイチローを見にいこう！」高校生たちは，慣れないながらも一生懸命に農作業をした。

目標にむかって働く若者を見れば，大人はついつい手を貸したくなる。高校生と一緒に畑に出る父親，母親の姿も見られるようになった。高齢者も手伝いをかってでてくれた。苗のそろえ方，肥料のやり方など，長年の農作業の経験をひとつひとつ教えていく。サツマイモ畑は語らいの場となり，「おばあちゃん，すごいね！」の声を聞けば，作業にも一層力が入った。初年度の収益金は35万円。その年，東京ドームには届かなかったけれど，高校生たちは福岡ドームに行くことができた。こうしてはじまったサツマイモ栽培は，集落の中心事業へと発展し，2003年には焼酎「やねだん」が誕生，村に多くの収入をもたらしている。

3 「全員野球」でみんなの力を結集する

　自治公民館の隣の工場跡地は，2メートル以上の雑草が生い茂る荒地だった。豊重さんは，ここに運動公園を作り，集落のみんなが集う「場」にしようと考えた。「みんなで集う場所は，みんなで作ろう」と呼びかけ，村の有志と作業をはじめる。雑草を抜き，土地を均し，休憩所を建てる。木材の切り出しも，遊具づくりもすべて自分たちで行わなければならない。豊重さんたちが必死に取り組む姿は，周囲に伝播していき，集落総出の作業になった。普段あまり言葉を交わさない人同士も，一緒に汗をながして打ち解けていく。やがて，元大工，元左官職人，元造園業者，建築現場の経験者など，それまでひっそり暮らしていた高齢者たちが，おもわぬ力を発揮しはじめた。そうして1年半後，予算わずか8万円，みんなの「わくわく運動遊園」が完成する。通常は建設に300〜500万円かかる施設を国や県にお願いするのではなく，「やねだん」は自分たちで作ってしまった。「わくわく運動遊園」は，みんなの力を合わせれば出来るという，大きな成功体験となり，その後の「やねだん」のあり方を決定づけるものとなった。

　だが，このような豊重さんの挑戦に，集落の全員がはじめから好意的

だったわけではない。中には頑なに協力しない人もいた。そこで豊重さんが使ったのが「感動」の力だった。父の日，母の日，敬老の日などに，故郷を離れた人たちから集落に残る父母へ手紙を送ってもらい，それを高校生が代読，集落の連絡用有線放送を使って全戸に放送した。日ごろは言えない感謝の言葉，気遣い，故郷への想い，心のこもったメッセージがスピーカーから流れてくれば，誰もが心を動かされ，大切な故郷のために動き出す。「ありがとう」「上手に読めたね」と声をかけられた若者たちも，こうした活動で自信をつけ，地区の行事に積極的に参加するようになっていった。

　「やねだん」の活動に命令や無理強いはない。お互いに考え，汗し，成果を出す過程で得られる楽しさや感動が集落総参加の原動力だ。「やねだん」は次第に注目されるようになり，マスコミに取り上げられ，各地から視察団も訪れるようになった。それによって，集落のみんなが「社会に認められた」と，誇りに感じるようになり，次へのエネルギーが高まっていった。

4　ボーナスの出る村

　豊重さんが館長に就任して10年後の2006年，自主財源創造の取り組みが実り，500万円近くの利益があがるようになって，集落の全世帯にボーナス1万円が支給された。贈呈式では，一人ひとりの名前が呼ばれ，感謝の言葉とともにボーナスが手渡された。誰に頼るのでもない，自分たちで生み出したお金だ。受け取るみんなも晴れやかな笑顔だ。

　2008年，再びボーナス支給を提案すると，「ボーナスは1回でいい，子供たち，孫たちのために使って」「福祉に使って」という声があがった。誰でも臨時収入はうれしいはず。それでも，村の未来のために使ってほしいとみんなが望んだのだった。

　自主財源から，集落にはいろいろなものが整備された。例えば，お年

寄りの歩行を補助する手押し車，これがあれば散歩にも買い物にも出かけられる。1人暮らしの高齢者宅には，スイッチひとつで操作できる緊急警報機。公民館の電気代を無料にする風力発電機。いずれも，補助金で購入しようと思えばできるものだが，補助金を使えば仕様や，使い方が制限される。集落のみんなが，本当に必要なものを必要な時に使えるのは，自分たちで手に入れたものだからこそだ。

5　ビジネス感覚をもつ

　地域再生にはビジネス感覚をいつも持っていることが大事だと豊重さんは言っている。その言葉どおり，次つぎと集落にイノベーションを起している。自主財源も，サツマイモ，土着菌，焼酎，唐辛子，手打そばや味噌，コチジャンなどの加工食品へと拡大している。

　さらに，集落に数多くあった空き家を，自主財源をつかって補修して「迎賓館」とした。そして，この迎賓館を家賃1万円程度で芸術家たちに貸しだしたのだ。陶芸家，写真家，画家，ブロンズ彫刻家など，全国から集まった芸術家たちがそこで暮らし，制作に励んでいる。住むための条件は，「地域活動に参加すること」。中・高生の作品制作を指導したり，住民のための展覧会を開催したり，みんなの写真を撮ったりして集落に溶け込んでいる。芸術家たちの作品が展示販売されているのは，廃業したスーパーを改装したギャラリー。かつての精米所の建物は陶磁器制作アトリエに変わっている。やがて移住した芸術家たちが呼び水となり，全国からアートを愛する人たちが集まるようになった。毎年開催される「やねだん芸術祭」には，全国からアーティストやミュージシャンが参加する。こうした自由な雰囲気に，若い家族のUターンも増えて，2007年，減少の一途だった人口は増加に転じた。

本を読む 3　あらためて考える，良いリーダーとは？

6　次世代にむけて

　自治公民館では，小・中学生を対象に週3回「寺子屋」が開かれ，算数，数学と英語の個別指導が行われている。講師への謝礼金は自主財源から捻出している。勉強がわかるようになれば，学校も楽しくなり，子供たちの笑顔も増えるという。ここから育った子供たちが高校生になれば，もう，立派な集落の活動の担い手だ。

　豊重さんは，自分自身の後継者育成にも余念がない。リーダーは快走しているうちに後継者にバトンタッチをしなければならないと考えている。既に，上小原中学校バレーボール部の教え子だった今村利郎さん（50歳）を後継者に指名し，一緒に活動している。リーダーには一朝一夕でなれるものではないとして，自ら汗し，率先垂範の実践者に徹することをを教えている。いまでは，今村さんを支える若者，つまり，第二，第三の後継者もあらわれているという。

　2007年，鹿児島の県や市の職員たちが豊重さんから地域再生を学ぼうとあつまった，それが「故郷創世塾」となり，地域づくりのリーダー育成の場へと発展している。全国各地から，自治体や社会福祉法人の若手職員が集まり，中には，村長，町長というすでに首長の立場にある人も参加している。「やねだん」の挑戦は，こうして草の根から広がり，地域再生，そして，日本再生の礎となっている。

参考：
やねだん（鹿児島県鹿屋市串良町柳谷集落）オフィシャル Web サイト（http://www.
　yanedan.com/, 2018 年 11 月 30 日アクセス）
DVD「やねだん～人口 300 人，ボーナスが出る集落～」MBC 南日本放送，2009 年

121

書を読んだら…まちに出よう！
―産業技術編―

トヨタ産業技術記念館〜名古屋に行こう

　「近代化産業遺産」に認定されているこの施設は，豊田自動織機製作所栄生工場（豊田紡織より移譲）を保存しながら，近代日本の発展を支えた基幹産業である繊維機械と，自動車技術の変遷を紹介している。とにかく，展示されている機械や車の台数が圧巻！　トヨタの全貌を知るためのテーマパークと言ってもいいほど。また，鋳造，鍛造，切削の金属加工をこれほど近くで見ることができる場所はないので，必見。すぐ近くには，陶器メーカー「ノリタケ」のミュージアムもあるので，あわせていかが？

日鉱記念館〜日立に行こう

　HITACHIと聞いて思い浮かぶのは…洗濯機？　世界ふしぎ発見？　みなさんご存知の「日立」のルーツは，1905年茨城県日立市に開業した日立鉱山にある。日立鉱山は大銅山へと躍進し，1981年の閉山までの76年間，日本の近代化と経済成長に寄与した。この記念館では，日立鉱山の歴史や掘削技術の変遷だけではなく，鉱山で働く人びとの生活水準向上のための施策や，「一山一家」といわれた独特の気風を紹介している点も興味深い。新田次郎『ある町の高い煙突』（2019年映画化）を読後に訪問すると，さらに感慨深い。

片倉館と岡谷蚕糸博物館〜諏訪に行こう

　世界遺産登録された富岡製糸場は有名だが，ここが「売らない，貸さない，壊さない」の3原則を掲げた片倉工業によって操業，管理されていたことは，あまり知られていない。日本のシルクエンペラーと呼ばれた片倉兼太郎のルーツは長野県諏訪郡にあり，諏訪湖周辺には，ゆかりの施設がいくつも残されている。岡谷蚕糸博物館には，製糸工場が併設されていて(株)宮坂製糸所の実稼動を見学できる。また，女工の福利厚生，地元住民の社交のために作られた「片倉館（重要文化財）」には，大理石づくりの珍しい千人風呂（温泉）があり，現在も入浴可能。1メートルを越える深さの湯船は，女工たちが（寝てしまわないように）立ったまま入るためとも言われている。ひと風呂浴びて，当時に思いを馳せてみよう。

PART III
社会から企業のあり方を考える

3-1
株式会社は誰のもの？

Story 1

僕のおかねと会社のおかね──「個人商店」と「会社」──

　昔むかし，ある商店街にとても繁盛している魚屋さんがありました。このお店は安くて新鮮な品揃えのみならず，ご主人の人柄の良さも抜群で，近所の主婦にとても人気がありました。

　ある秋の日，この日はなぜかいつも以上に売り上げが伸び，夕方のタイムサービス前には商品をすべて売り切ってしまいました。

　そこでご主人，「あたしの日頃の行いが良いから，これはお天道様からのお恵みだね」と，天井からぶら下げられた売上金が入ったザルから女将さんに見つからないようにこっそりと数枚のお札を抜き出してポケットにしまうやいなや，焼き鳥片手の一杯をとばかり，商店街の奥へと消えていきました。

　さて，こうは見えてもこのご主人，鍛え抜かれた魚の目利きの力のみならず，ソロバン勘定もなかなかのものでした。勘どころを押さえた的確な「商売」によってこのお店は売上を伸ばし続け，出来の良い息子も店頭に立つようになった頃には増床も済ませ，取扱商品の品目も増やしました。更に10年が経つ頃には，あの小さかったお店は，生鮮食品一般を揃えた所謂「スーパーマーケット」にまで成長しました。

　この過程で，町の魚屋さんとして「生業」としての「商売」をしていた「個人商店」に過ぎなかったこのお店は，近代的企業経営を可能にする「株式会社」という法人形態に移行しました。そして社名も変更し，また「魚屋の親父さん」であった主人も「社長」と呼ばれるようにはなりましたが，経営の実態面ではまだ個人商店の性格が色濃く残っていました。

　さて，社長は相変わらず市場での仕入れと店頭での仕事とに精を出していましたが，そろそろ楽隠居でもしようと社長職を息子に譲ったところ，かねてか

ら現代的経営を標榜していた息子は，会社を鮮魚，精肉，青果に限らず，日用品や衣料，家具，家電なども取り扱う大きな会社に育てあげるべく，社内の合理化，機構改革に乗り出しました。これが功を奏し，あの小さな魚屋からスタートしたお店は，さらに20年もすると株式公開も果たし，中堅の総合スーパーマーケットとして，広く世に認知されるほどにまで成長したのです。

　大きな会社になった現在，会社の事業方針に則り，経営実践上の意思決定は取締役会，執行役会での機関決定を経て執行にうつされ，管理職を含む多くの従業員の手により組織的に運営されています。しかしその一方で，創業者であるかつての魚屋さんの主人は現場から去り，「会長」などという肩書を付けられて窮屈な思いをしつつも，それなりに幸せな生活を郊外の邸宅で楽しんでおりました。

　ある日，「会長」が愛犬といつもよりも心持ち遠出の散歩をしていると，なんと，わが社がここにも新規出店しているではありませんか。「おお。ここにもあたしの会社ができたのかい」とお店に入っていく会長。まっすぐレジに向かい，そこのアルバイトの青年に「随分と盛況じゃないか。ところであたしは会長なんだが，ちょいとばかり帰り道に一杯やっていきたいんでね。売上金から2万円ほど都合しておくんない♪」と，にこやかに語りかけながらレジに手を伸ばしました。驚いた青年は，「何するんだ，ドロボー！」と，会長の手を押さえにかかります。ところが会長，「おい何をする！この会社はあたしンだ。自分の会社の売上金を会社の持ち主のあたしが使って何が悪い！！」と大反論。さて，そもそも会社のお金はオーナーが自由にできるのでしょうか？また，この場合，会社は会長のものといえるのでしょうか？

---

⑦ 考えてみよう！

Q1　町の魚屋さんであった頃は，主人が店の売上金の一部をそのまま持ち出しても大きな問題になりませんでした。何故でしょう？

Q2　株式会社において，無機能資本家としての性格を持つ株主は会社に対して大きな影響力を持ち得ますが，その根拠は何でしょうか？

Q3　会社法では，株式会社以外にはどのような会社形態があるでしょうか？　また，それらと株式会社との相違点はどこに見出せるでしょうか？

Part III　社会から企業のあり方を考える

Story 2

「会長」はなぜ逮捕されたのか──取締役の職務と企業不祥事──

　2018年11月19日。衝撃的なニュースが世界を駆け巡った。

　C.ゴーン日産自動車会長，三菱自動車工業会長ならびにルノー（仏）取締役会長兼CEOが，報酬の過少記載，投資資金の私的流用，経費の不正支出などが日産の社内調査で明らかになったとして告発され，金融商品取引法違反容疑で逮捕されたのである（役職名は当時のもの）。

　彼は3社間における株式相互保有を含む戦略的パートナーシップを統括する「ルノー・日産・三菱アライアンス」の最高責任者としても辣腕を振るい，強大なパワーを保持していたが，日産では同月22日に，三菱自動車では同26日に会長職と代表取締役の職を解かれた。さらに，2019年4月8日に開催された日産自動車の臨時株主総会において，取締役としての役職からも外された。

　この事件はまだ決着がついていないが，報道によれば，ゴーン前会長は，株価に連動した報酬（Stock Application Right：SAR）を受け取る権利，約40億円分を有価証券報告書に記載しておらず，また日産の資産を個人的に流用し，会社に損害を与えたとして特別背任の容疑もかけられ，前述の金融商品取引法違反容疑による逮捕から108日目に一度保釈されたものの，2019年4月4日に再度逮捕された。

　これ以外にも，経営者が会社資産を私的に流用したというタイプの企業不祥事は，過去いくつも起きている。記憶に新しい大きな事件は，紙・パルプ業界最大手の大王製紙を舞台とした背任事件であろう。

　2011年に起きたこの事件では，大王製紙の創業家出身であった井川意高会長（役職名は当時）が，同社連結子会社37社のうちの7社から個人的用途のために100億円を超える資金を無担保で借り入れ，カジノでの遊興費等として使い込んだ結果，約55億3千万円の損害を会社に与えたとして，会社法上の特別背任罪に問われた。

　こうした役員への多額の貸付は，会社財産から捻出されたことからも，本来取締役会にて事前に審議されるべき案件である。しかし本件では，関係する会

社の取締役会にこの案件が諮られていないばかりか，指示を受けた役員の大半は，元会長の個人的用途に用いられることを理解していたものの使途を質すことすらせず，経理担当者に指示して自社の資金を支出させていたことが確認されている。これは明らかにガバナンスの欠如である。

　会社の財産を，経営者（井川元会長はこの7社の代表取締役も務めており，しかも創業者一族で株主でもある）が不当に使用し，その結果，巨額の損失を会社に負わせたこの事件は，刑の軽重を巡り最高裁まで争われたが，2013年6月末には上告が棄却され，被告の実刑が確定した。一審，二審ともに「公私の別をわきまえず，子会社の資金繰りが逼迫するなど深刻な影響が生じた」，「オーナーの地位を乱用しており悪質だ」と指摘している。

　この事件の後，実父である井川高雄・最高顧問らは保有していた同社の株式を北越紀州製紙（現北越コーポレーション）に売却し，損害の穴埋めを図った。これを機に，大王製紙の経営陣は"脱創業家"に舵を切ったが，今でも北越コーポレーションとの間で，事業や資本の関係を巡る争いを起こしている。

---

⑦ 考えてみよう！

Q1　会計不正の罰則強化により，会計不祥事は減少するといわれていますが，その場合，罰則の対象を個人にできるでしょうか？

Q2　不正行為の罰則強化と，経営者報酬額の急激な上昇との相関はあるでしょうか？　あるとすればどのようなことが考えられるでしょう？

Q3　経営者による会社の私物化を防止するために，取締役会にできることはどのようなものがあるでしょうか？

調べてみよう！

Q1　「企業不祥事」と呼ばれるさまざまな事件は，いくつかのタイプに分類可能です。どのように分けることができるか調べてみましょう。

Q2　近年話題になった政府系企業再生機構のような機関は，どんな活動をするのでしょうか？　企業統治の観点を踏まえ，調べてみましょう。

Q3　（専門）経営者と株主，あるいは従業員との間の利害をできるだけ一致させるようなしくみにはどのようなものがあるでしょうか？

Part III　社会から企業のあり方を考える

【解説】

1　企業統治とはどのようなものなのか

　企業統治とは，とりわけ①会社の不祥事を防止するためにはどのようなしくみを構築すればよいのか，②効率のよい会社経営のためには何をすべきか，という2つの視点から，世界的にも大きな関心と注目を集めている課題事項である。

　しかし「企業統治とは何か」と問われると，ひとつの決まった答え（定義）を提示することは容易ではない。これは同問題の対象が基本的には**「所有と経営が分離した公開株式会社」**として極めて限定的である一方で，同問題へのアプローチが，経営学，商学，法学，経済学あるいは社会学といった社会科学関連の様々な分野にまたがって広く研究されている点からも窺い知ることができる。

　同問題の多義性あるいは分析の視座の多様性を受け，これまで様々な企業統治に関する研究が行われてきた。それらは多くの国や地域における「よき企業統治」の実現に向けた政策（法律の制定）や市場の自主規制の理論的基盤の構築に寄与してきた。

　また，企業の経営実践の場においても，企業統治に関する多くの提言は個々の企業における様々なガイドラインや行動規範の作成に影響を及ぼした。

　このように，同問題は非常に裾野が広い課題事項であるが，この章ではとくに企業統治の基本的概念とその対象，ならびに会社内部における統制のメカニズムに焦点を絞り，概説することにしよう。

所有と経営の分離：
設立当初は出資者＝経営者であっても，会社の大規模化に伴う株式所有の分散と，専門経営者の誕生とによって，持分所有者が直接経営の実践にあたらなくなる。こうした状態を所有と経営の分離という。類似の言葉に「所有と支配の分離」がある。調べてみよう。

公開株式会社／公開企業：
会社の資本金が，均等な形式に分割された株式という形態で，同族や限られた少数の株主のみにではなく，広く一般の投資家にも分散所有されている会社。上場会社ともいう。

2　狭義／広義の企業統治の概念と企業観

　企業統治の概念は狭義，広義の両者に区分できる。狭義の企業統治概念とは，端的に言えば株主の立場から，如何にして経営者を監視・監督するのかという視点に立った企業統治である。すなわち，効率のよい会社経営に資するトップ・マネジメント機関の構造，権限と義務あるいは取締役会の意思決定や株主の権利などの問題が議論の中心となる。

　一方，広義の企業統治概念とは，**公開企業**とは何をするのか，誰が会社を支配するのか，企業の活動から生じるリスクやその収益はどのように負担・分配されるのかといった，**ステークホルダー**との関わりを決定するような法律的・文化的・制度的配置の枠組み全体に対するものとして把握される。換言すれば，会社を社会の中に埋め込まれた存在として捉えた上で，会社は社会とどのようにしたら良好な関係を構築していけるのかという視点からの議論であるといえよう。

　さて，内部監視の側面から企業統治の問題を論じる上で重要なポイントは，トップ・マネジメント機関の構造，機能，権限ならびに義務が，法律上どのように規定されているのかという点になるだろう。

　これは，企業統治が上述のとおり「所有と経営が分離した公開株式会社」を対象としていることからもわかるとおり，資金拠出者（株主）と会社の経営実践に携わる人（経営者）とが人格的に分離している中で，経営者の機会主義的な行動を抑制するためには会社のしくみをどのように形づくればよいのか，また効率性が高い管理機能組織とはどのようなものなのか，という課題事項に他ならない。

ステークホルダー（利害関係者）：
「権利を主張する者」という語義を持つといわれ，「組織の行動に，直接・間接を問わず，何らかの関わりを持つ個人または集団」を指す。企業であれば，顧客，従業員，株主，債権者，サプライヤー，競合他社に加え，地域社会，自治体などの行政機関もステークホルダーとなる。かつて経営学ではInterest Group（利害集団）という概念で企業と関わりを持つ集団を把握してきたが，1980年代頃からこのステークホルダーの概念が広く展開されるようになり，現在では様々な学問分野でも援用されている。

Part III　社会から企業のあり方を考える

こうした理解に基づいて，再度Story 1を振り返ってみよう。主人公は，「商店街の魚屋の主人」であった頃には売上金を個人的な消費に回しても咎められなかったのにもかかわらず，同人が商店を法人として**登記**し，会社形態に形式を改め，取締役となったら，その行為を咎められてしまった。何故だろうか？

考えてみよう。会社は出資をした者，すなわち株主のものなのか？　それとも実際に経営に携わっている経営者のものなのだろうか？　この場合，公開（株式）会社か非公開（株式）会社かで答えは変わってくるかもしれない。また従業員はどうだろうか。さらに別の視座から会社を社会の中に埋め込まれた存在として捉えると，会社とは社会全体のもの，という考え方も可能かもしれない。このような，会社をどのように捉えるのかという視座のもとでは，一元的会社観，多元的会社観といった分類が可能になる。

以下では，会社はだれのものなのか？　という基底的命題の下，「**法人格**」と「**有限責任**」といった基本的概念をおさえた上で，内部監視の具体的なしくみとその意義とについて確認していこう。

3　有限責任性と法人格

「会社」とはどのようなものなのだろうか？

まず，個人（自然人）には「触れる」ことはできるが，会社に「触れる」ことはできない。つまり，会社とは実体を持たない「しくみ」ともいえる。しかしそうだとしたら，会社の名の下で行った様々な事業の中で，なんらかの責任問題が生じた時，その

登記：
権利の得喪，変更などを広く社会に公示するために行う手続きのこと。具体的には，所定の登記簿にこうした事項を記載することで行う。法人登記（株式会社）では，商号，本店所在地，資本金額等の記載に加え，定款（会社のルールのようなもの）や発起人の同意書，設立時代表取締役選定を証する書面，取締役や監査役の就任承諾書，印鑑証明，資本金払込証などを添付して届け出をする。

法人格：
人ないしは財産に基礎を置き，理事や役員などから成る機関を有する組織体である「法人」にあたえられる権利能力を法人格と呼ぶ。「法人」は自然人と同様に法律行為を含む様々な経営活動をなしうる。

有限責任：
債務の履行に際し，一定額を限度として，または特定の財産だけを債務の引き当てとなす場合の責任。換言すれば，債務の弁済に限度を設定し得る責任のあり方といえる。

責任負担は誰に求められるのだろうか？　端的に言えば，こうした状況を回避するためにも，「しくみ」たる会社には一定の条件に基づいてフィクションの人格（に近いもの）が付与されている。これが「法人格」である。つまり，個人と法人とは別の存在であるからして，個人すなわち自然人に求められる責任と，会社すなわち法人に求められる責任とは，一般的には異なると理解されている。個人の延長線上にある個人「企業」と，法人登記を済ませた「会社」とは，この意味からも異なるのである。

　さて，会社の中でも中心的な会社形態となる株式会社では，有限責任制が確立されている。有限責任制は，広く社会に遊休している資本を吸引することによる資本の充実を可能とすることから，大きな事業に進出することができるというメリットがあるが，その一方で古くからさまざまな批判にも晒されてきた。何故ならば，合名会社や合資会社といった法人形態には無限責任社員（＝機能資本家：資本提供者でありながら会社経営にも携わる）が存在する。彼（彼女）らには会社経営において損失が発生した場合，それが自らの出資額を超えても自らの財産を当ててでもすべての債務の弁済義務が生じる。しかし有限責任制の下では，たとえ会社が倒産し，多額の損失が発生したとしても，自らの出資額を超えてその弁済を求められることはないのである。

　かつてA.スミスが『国富論』の中で示したように，「株主（＝無機能資本家：資本提供者としての機能しか持たず，会社経営の実践には携わらない）は有限責任であるがゆえに会社から受取る配当金のことだけ考え，会社の業務については関心がない」

Part III　社会から企業のあり方を考える

との批判は，有限責任制であればこそ生じる批判と
いえるだろう。

4　会社機関と企業統治

　株式会社は機関，すなわち株主総会，取締役会な
らびに監査役（会）を持つ。その中でも取締役会
は，株式会社内部における監視・監督機能を担う。
この取締役会のあり方を巡っては，主として「業務
執行を監督する機関には，どのような権限を与える
ことが望ましいのか」という点と，「経営者の不法
あるいは不当な行動を監視ならびに牽制するために
はどのような組織形態が望ましいのか」という点と
から議論されてきた。

　なぜなら，株式会社では株主からの委託を受け，
経営者（取締役）が会社をマネジメントすることに
なるが，株主と取締役との利害は必ずしも一致しな
い。先のA・スミスは「取締役は「他人の貨幣」を
管理しているので，自分の貨幣のように注意深く管
理しない」とも指摘している（Story 2を見よう）。

　企業活動のグローバル化の進展と競争の激化とを
受け，わが国ではとりわけ2000年以降，不祥事問
題への対応と経営効率化や資金調達の面からも，
様々な形で企業統治改革が図られた。その要諦のひ
とつが取締役会改革であり，相次ぐ法改正を通じて
取締役会内に委員会を置くアングロ・サクソン型の
取締役会のしくみも認められた。

　現在の株式会社のトップ・マネジメント形態は，
機関構造の違いによって大きく3つに分けられる。
すなわち，日本型企業統治システムを有する監査役
設置会社，アングロ・サクソン型の監査等委員会設

置会社ならびに指名委員会等設置会社の3つである。

指名委員会等設置会社とは，指名委員会，監査委員会及び報酬委員会を置く株式会社で，いうなればアングロ・サクソン型の株式会社の機関設計思想に倣ったものである。これは取締役会の中に**社外取締役**が過半数を占める委員会を設置し，取締役会が業務執行を監督する機能を持つ一方，業務執行については執行役にゆだね，企業統治の合理化と適正化とを目指して監督機能と業務執行機能とを分離している形態である。業務執行者に対しても，上記3つの委員会の設置を通じて，高次元のガバナンスが可能となると考えられている。

監査等委員会設置会社は，2015年改正会社法で法認され，監査役会の代わりに監査等委員会を取締役会の中に設置するものである。この委員会は取締役の職務執行の組織的監査を目的として，過半数の社外取締役を含む取締役3名以上で構成される。その一方で，監査役（会）を設置することはできず，**会計監査人**の設置が義務となる。

しかし，法律で規制すれば「よき企業統治」が実現できるというものではない。会社は法理（ハードロー）以外の規制，例えばコードや行動原則といったソフトローを自ら遵守し，社会との不断の対話を行いながら，事業活動をしていくことが求められるのである。

社外取締役：
社内から昇格した取締役とは異なり，取引や資本関係のない社外から迎える取締役。急激な環境変化への対応，CSRの遂行など，広い視野からの経営全般の方針を設定するのに重要な役割を果たしうる。

会計監査人：
会計記録・会計報告・会計組織・会計行為の成否または適否を検討し，その結果を報告する役割を持つ，株式会社における機関のひとつ。公認会計士または監査法人が就任する。

【参考文献】
風間信隆・松田健編著『実践に学ぶ経営学』文眞堂，2018年
風間信隆編著『よくわかるコーポレートガバナンス』ミネルヴァ書房，2019年

3-2
企業不祥事を予防するには？

Story 1
石屋製菓の不祥事とその対応──「白い恋人」の賞味期限改ざん──

　2007年8月，「白い恋人」で有名な石屋製菓の不祥事が，一斉に新聞を賑わせた。白い恋人の30周年キャンペーン限定商品の在庫を処分するため特別な包装から通常の包装に移す際に，賞味期限の改ざんが行われた。また，自主検査においてアイスクリームとバウムクーヘンからそれぞれ大腸菌，黄色ブドウ球菌が検出された際に，公表しないまま製品回収を行い，保健所への報告も行わなかった。後に，賞味期限の改ざんは，1996年以降に行われていたことが発表され，社長もその旨を認識していたことが明らかになった。なお，この不祥事が発覚した経緯は，関係者が札幌市保健所に通報した（いわゆる「内部告発」）ことによるとされている。記者会見において，社長は，「（ヒット商品により）わたしを含め，社内が増長していた。魔がさした。安易な判断だった」，「包装フィルムの効果に自信があった」と述べた。

　その後，社長は，辞任し，石屋製菓は，銀行から派遣された新社長のもとで，再発防止策を進めることとなった。銀行は，資金繰り支援，危機管理やコンプライアンス徹底に向けた助言も行うこととなった。新社長は，当時の問題として，次のような点をあげている。

　第一に，組織体制がしっかりとしてなかったことである。製造部長が空席であり，経営者に情報伝達をする経路も機能していなかった。

　第二に，製造プロセスが属人的であり，マニュアルが整っていなかった。

　第三に，売上を伸ばす意欲ばかりが先行していて，夏の増産を前に売れ残り品を捨てるのがもったいないとの意識が起こり偽装を進めてしまった。

　第四に，人事の公平性等に問題があったことから従業員の間に不満がたまっており，コンプライアンス意識が高まるどころではなかった。

不祥事を受けて生産を停止していた工場の操業再開を報告する席上で，新社長は，「生産量より安全を優先させることを社内で徹底する」と決意を述べた。

再発防止に向け，石屋製菓では，次のような対策が採られた。

まずは，衛生管理体制の改善である。「賞味期限判定基準」，「衛生管理マニュアル」等を作成し，経験的管理から客観的な管理体制へと改革をした。

次に，コンプライアンス体制の確立である。経営管理部を創設して，コンプライアンス・行動規範・経営計画等の全体的な統括を図る等の組織改革を行った。また，弁護士事務所と契約し内部通報制度を実施し，消費者からの苦情等に対応するための「お客様サービス室」を設置した。そして，従業員に対するコンプライアンスおよび衛生管理についての研修を行うこととした。

労務管理体制については，社内でのコミュニケーションを改善すると同時に，公平感や透明性のある制度へと改善をした。

そして，明示されていなかった「経営理念」を確立した。策定された理念は，「北の国の真心で心を結びます」であり，「企業の理想・精神」，「企業の存在目的」，「企業の価値観」，「企業の行動規範」などについても明確にした。

参考：
「石屋製菓コンプライアンス確立外部委員会　報告書」石屋製菓株式会社 HP（http://www.ishiya.co.jp/upd_file/news/129/news_file129.pdf，2018 年 11 月 30 日アクセス）
『『白い恋人』の石屋製菓・島田社長が語る教訓『仕組みにもモラルにもトップが無関心だった』』『日経情報ストラテジー』2008 年 7 月号，132-134 頁
『日経金融新聞』2007 年 8 月 21 日（11）
『日本経済新聞』2007 年 8 月 15 日（朝刊 31），8 月 16 日（夕刊 19），8 月 18 日（朝刊 11），10 月 23 日（北海道朝刊 38）

---

⑦ 考えてみよう！

Q1　この企業不祥事は，どのような原因で発生したのだろうか。

Q2　働いている企業で問題行動を目撃した場合，あなたならどうするか。

Q3　不祥事防止にあたって経営理念はどのような意味をもっているのだろうか。

Part III 社会から企業のあり方を考える

Story 2

ベネッセコーポレーションの不祥事とその対応
──顧客情報漏えいと情報セキュリティ──

2014年，ベネッセコーポレーションの顧客等（顧客および契約によらずに合意を得て個人情報を取得した者）の情報が社外に漏えいしたことが発覚した。

問題発覚の契機となったのは，顧客からの指摘であった。漏えいした情報が，名簿販売会社を経て，小中学生向け通信教育を事業としている企業の手に渡り，ダイレクトメールに使われていたのだ。流出したデータは，氏名，生年月日，保護者名，住所，連絡先等の個人情報であった。情報は，ベネッセのシステム開発・運用を行っていたグループ会社シンフォームから業務委託された企業に勤務していたシステム・エンジニアが不正に持ち出したものであった。

持ち出しのプロセスは次の通りである。データベース内における顧客等の情報を抽出し，業務で使用していたPC（パーソナル・コンピュータ）を経て，USBケーブルで個人所有のスマートフォンに転送した。そして，その情報を，名簿業者3社に売却したのだ。売却されたデータは，延べ約2億1,639万件に上った（名寄せ作業等を経て重複分を削除すると，件数にして約3,504万件，人数ベースで約4,858万人分のデータであった）。

持ち株会社のベネッセホールディングスが設置した「個人情報漏えい事故調査委員会」による報告によれば，この原因には，情報システムにおける問題点と，組織体制・文化上の問題点があるとされている。情報システム上の問題点としては，①通信量が一定の閾値を超えた場合のアラートが送信されるシステムの設定範囲外であったこと，②PC上の重要データのスマートフォンへの書き出し制御が機能しなかったこと，③アクセス権限の管理に問題があったこと，④データベース内の情報管理に問題があったことがあげられる。一方，組織体制・文化については，内部者による情報漏洩リスクに十分に対応する体制が整備されていなかったことや情報セキュリティの統括部署が存在しなかったこと，権限・責任が不明確になっている場合があったこと，自社の情報セキュリティへの過信があった可能性，悪意をもった情報持ち出しなどないという過

信があげられている。

　問題の指摘を受け，データベースの管理，保守・運用，利用の３つの機能を切り離し，権限・責任を明確にした。具体的には，組織体制を整備した上で，データ管理はベネッセホールディングスが，保守・運用についてはセキュリティ会社と設立した合弁会社が行い，ガイドラインを遵守し事業会社が利用する。加えて，定期的・客観的な監視・監査を行う外部監視機関を設置した。個人情報を含むデータベースの保守・運用の業務は，グループ外に委託しないこととした。また，顧客の不安解消・低減，流出した情報の拡散防止を目的とした「お客様本部」も設けた。

　情報が漏えいした顧客等に対しては，お詫びを行うと同時にお詫びの品として，500円分の金券が送られた。ベネッセホールディングスは，この会計年度において，「お客様へのお詫び」として200億円，問い合わせ対応等を含む情報セキュリティ対策に60億円等を「特別損失」に計上することとなった。

参考：
「お客様情報の漏えいに関するご報告と対応について」株式会社ベネッセホールディング HP よりアクセス（https://blog.benesse.ne.jp/bh/ja/news/m/2014/09/10/docs/20140910リリース①.pdf，2018年11月30日アクセス）
「個人情報漏えい事故調査委員会による調査結果のお知らせ」株式会社ベネッセホールディングス HP よりアクセス（https://blog.benesse.ne.jp/bh/ja/news/m/2014/09/25/docs/20140925リリース.pdf，2018年11月21日アクセス）
「2015年3月期　決算説明会資料」株式会社ベネッセホールディングス HP よりアクセス（http://pdf.irpocket.com/C9783/o1Tt/L5Fc/sTVR.pdf，2018年11月30日アクセス）
「ベネッセ，覆水の始末 vol. 1 ～最終回」『日経ビジネス』2014年9月15日号 ～ 2014年10月13日号

---

⑦ 考えてみよう！

Q1　不祥事が企業のステークホルダーにもたらす影響について考えてみよう。
Q2　情報漏えい問題の重大性が高まっている理由を考えてみよう。
Q3　企業不祥事を完全に防止することはできるのだろうか。

📖⑦ 調べてみよう！

Q1　企業不祥事について，新聞や雑誌を使って，その背景を含めて調べてみよう。
Q2　企業のホームページにアクセスして，コンプライアンス体制を調べてみよう。

Part III　社会から企業のあり方を考える

【解説】

1　不祥事の原因と帰結

　新聞には，企業による不祥事に関する記事が多く掲載されている。そもそも不祥事が起こる原因は，どのようなものであろうか。

　不祥事の原因は多様であるが，意図的に起こされた不祥事と意図的でなく起きた不祥事に分けることができよう。

　前者は，組織もしくは，その構成員の価値的な次元の問題である。例えば，違法な製品・サービスを扱う企業は，組織目的の選び方そのものに根本的な問題がある。あるいは組織目的自体には問題がなくとも，事業モデルにおいて倫理上問題がある方策が意図的に含まれている場合もある。また，構成員の個人的利害に基づく悪意のある行動により問題が惹き起こされることもあろう。

　後者は，非倫理的な行動が意図されてはいないものの，結果として不祥事を惹き起こしてしまうものである。典型的には，組織運営上の不注意や手抜きが無意識のうちに常態化し，問題を引き起こすケースなどである。ずさんな管理は，問題の発覚を遅らせ，問題発生後の対応を困難にする。また，組織構成員に意図はないものの，その行動が，結果として非倫理的な不祥事に結びつくケースもある。実際の意思決定の場面では，インセンティブ・システム（例えば，過度な成果重視）などの組織内の環境や心理的要因等が不祥事につながってしまうことがあるのだ。不祥事を起こすのは悪徳企業，あるいは個人であるといった単純な構図で見るのではなく，ご

く普通の人間でも，不祥事に関わってしまう危険性
があることを理解しておく必要があろう。

　実際には不祥事を起こしていない企業の中にも，
潜在的に大きなリスクを抱えた企業もある。組織の
価値観やシステム等に問題がある場合，いつ不祥事
が発生してもおかしくない状態に組織が置かれてい
ることがある。自社に不祥事を生みだす基盤がない
か，防止するための仕組みがあるかについて，どの
企業も繊細な注意を払う必要がある。

　内容面から見た企業不祥事には，製品の安全性，
職場の安全性をはじめ様々なものがある。安全性に
関わる問題は，人命を奪う深刻な事態を生み出すこ
ともある。また，近年はビッグデータといわれる膨
大な情報を企業が保有・活用することが多くなった
ことから，個人情報の漏えいも大きな問題となって
きている。企業活動の範囲が国際的に展開するのに
伴い，グローバルなレベルでの不祥事も認識されて
いる。例えば，国際的なレベルでの環境破壊や人権
問題は，その代表的な例である。国内での問題ほど
新聞等で大きく取り上げられることが少なくても，
重要視する必要がある不祥事である。

　不祥事を起こした企業は，損害賠償等の責任を負
うことになることが多く，企業業績に直接的に負の
影響を受ける。また，非倫理的な企業としての負の
イメージが社会に広まるレピュテーション（評判）
問題につながる例が多く見られる。倫理的な問題に
加え，財務的な面から見ても大きな問題となりうる
のである。

2　不祥事の発生を抑制する仕組み

　不祥事の発生を抑制するためには，**コンプライアンス**を実現するための「仕組み」を作っていくことが重要と考えられている。この仕組み作りが，**企業倫理の制度化**といわれるものである。これは，近年大きく取り上げられている**内部統制**と重なる問題である。しっかりとしたシステムの構築は，組織構成員の個人的な悪意のある行動を未然に防止することにもつながる。

　企業内に置かれる「制度化」の具体的な例として，次のものがあげられる。

① 経営理念・倫理綱領の制定
② 専門部署・役員の設置
③ 教育訓練
④ **内部通報制度**
⑤ 内部監査

　倫理綱領は，倫理上の規準を意味するものである。経営理念は，より広く経営における価値的側面を集約的に示したものである。これは，組織の中での価値的要素を明示化する効果を持つ。

　組織構造上の問題としては，専門部署・役員は，例えば「コンプライアンス部」といった部署を置くことや，トップの中に倫理問題を担当する専任役員を置くことが求められる。

　教育訓練は，倫理綱領の内容等について浸透させつつ，組織上の仕組みの理解を促すために必要である。

　内部通報制度は，従業員が組織内で接した倫理上の問題を報告できる窓口を設けることである。「倫理ホットライン」等として，広く相談を受けるケー

コンプライアンス：
本来，コンプライアンスとは「法令遵守」を意味する。しかし，現在では，単なる法令のみではなく，社会通念的な規範に従うことを含む広義の概念で使われることが多い。

企業倫理の制度化：
倫理的な基盤に整合的な決定・執行が行われるように明示的で検証可能な「仕組み」を組織に取り入れていくこと。より広く「制度化」をとらえる考え方もある。

内部統制：
内部統制の定義は，必ずしも一様的ではないが，業務の有効性・効率性，財務報告の信頼性，関連法規の遵守という目的達成を合理的に保証することを意図した事業体構成員が行う一連のプロセスとされる。

内部通報制度：
主として従業員が，企業内で問題のある行動に接した時に，それを通報できる窓口を設けること。外部に対して問題を知らせる「内部告発」とは補完性をなすが，異なる概念である。窓口の独立性等，実効化するにあたっては課題も多い。

スもある。

　内部監査は，チェックあるいは，モニタリングの体制を進めるにあたり重要とされるものである。

　なお，こうした「制度化」の進展は，企業に対する外的な要因の影響も大きいと考えられる。例えば，米国企業の場合，**連邦量刑ガイドライン**の存在が見逃せない。このガイドラインにおいては，連邦法違反で有罪になった場合の「懲罰的罰金」の額が，「有効な倫理コンプライアンス・プログラム」（実質的には上述の「制度化」の内容と同様のものである）を設定していたか否かによって大きく変わることになる。企業にとっては，倫理的な問題は同時に経済的なリスク問題として受け取られ，多くの企業で諸制度の導入が進んだのである。日本の場合も，法制等の改革が「制度化」の必要性を大きく高めた。企業不祥事に対する社会の厳しい批判も，「制度化」を進める力のひとつとなろう。

　しかし，こうした仕組みを置きさえすれば，問題が解決するわけではない。明示的なものにあまりにこだわりすぎると，仕組みを置くこと自体が目的となってしまう危険性がある。いかに形式要件が整っていても，基盤となる要素がしっかりとしていなければ，不祥事の防止には役立たない。

　一方で，仕組みをあまりに細かく，固定的に作ってしまうと，組織の能率や柔軟性が失われる可能性がある。また，日本企業の場合，これまで特徴としてきた情報共有に基づく柔軟な組織運営と厳格な統制に基づく組織運営との間に矛盾する面が見られることから，改革には困難が伴うことがある。

連邦量刑ガイドライン：
連邦法に違反した行為についての量刑・罰金基準の原則となるものである。経営に大きく影響を及ぼすのは「組織に対するガイドライン」で，懲罰的罰金の算定に際し，倫理コンプライアンス・プログラムの導入状況，捜査への協力状況等を参照し，罰金額に大きな差をつけることになっている。

3 経営者のリーダーシップと倫理的な組織文化

さて,「制度化」といわれる明示的なもののみでは,不祥事の防止が困難だとすれば,ほかにどのような要素が必要なのであろうか。

それは,倫理的な組織文化および経営者のリーダーシップと考えられる。組織文化は,組織構成員間で共有されている「ものの見方」や価値観のことである。表面的なものよりも,組織の中で共有される暗黙レベルでの仮定や価値の重要性が強調される。この文化が倫理性と整合的である場合,コンプライアンスは,組織に根付いたものとなろう。そして,そうした組織文化を形成するのは,経営者(とりわけトップ)の基本的役割のひとつである。

ストーリーで見たように,従業員のモチベーションが低く,組織へのコミットメントがなければ,倫理的問題にきめ細かな関心を払うことは難しい。経営者は,倫理的な組織文化浸透の前提条件として,従業員のモチベーションやコミットメントを維持しておくことが必要であろう。もっとも,日本の場合,企業に対する過度なコミットメントが不祥事を誘発することもあるので注意が必要である。日本企業が強みとしてきた「組織の一体感」は,進む方向を間違えると組織的な不祥事の正当化や隠ぺいにつながる危険性がある。

残念ながら,工夫を重ねたからといって,不祥事が絶対に起こらない保証はない。人間もシステムも完璧ではありえないのだ。問題が発生した場合には,迅速かつ的確な事後対策を行う必要がある。事後処理のあり方によって,二次的・三次的な問題が発生することもある。例えば,製品に問題がある場

合，発表が延びれば延びるほど被害が拡大してしまうことがある。また，不正確な情報発信を行ってしまうことにより，問題の解決を難しくすることもあろう。起こしてしまった不祥事に対しては，冷静な分析を行うとともに，有効な再発防止策を検討することが重要である。

図表 3-2-1　企業不祥事の防止策

	明示的	非明示的
価値的な次元での防止策	制定された経営理念・倫理綱領 （公式的な）教育訓練	経営者のリーダーシップ 組織文化の形成・浸透
システムの設定を通じた防止策	専門部署・専門役員 （公式的な）教育訓練 内部通報制度 内部監査	

出所）筆者作成

【参考文献】

高巖，T. ドナルドソン（2003）『ビジネスエシックス　企業の社会的責任と倫理法令遵守マネジメント・システム［新版]』文眞堂

高巖（2017）『コンプライアンスの知識〈第 3 版〉』日本経済新聞出版社

Bazerman, M. H. & Tenbrusel, A. E. (2011), *Blind Spots: Why We Fail to Do What's Right and What to Do about It*, Princeton University Press（邦訳『倫理の死角　なぜ人と企業は判断を誤るのか』NTT 出版，2013 年）

3-3

新たな資本家とはだれか？

Story 1

GPIF とわれわれの年金
──機関投資家としての年金基金・運用会社の保有増大──

　皆さんは日本を代表する年金基金「年金積立金管理運用独立行政法人」（Government Pension Investment Fund：GPIF）をご存知だろうか？　年金の保険料とその積立金を運用して安定的な年金給付を確保することを目的とする運用組織だ。このGPIFの運用資産額は世界最大の約165兆円（2018年度第2四半期末現在）。その約半分は，Apple，Facebook，Amazonやトヨタ自動車，ソフトバンクグループを含む多くの企業に投資されている。このため，日本及び世界の企業業績が拡大して株価が上昇すれば，加入する年金制度によっては皆さんに支給される年金額が増えるかも？しれない。

　さて，今ではあたりまえとなった年金基金による株式投資も歴史は比較的浅く40年ほど。その歴史を紐解くには2009年に「NHKスペシャル」で放送された「マネー資本主義　第3回『年金マネーの"熱狂"はなぜ起きたのか』」がわかりやすい。日本のある年金基金が加入者から集めた資金の一部を米国のヘッジファンドに投資し，2008年のリーマンショックにより多額の損失を被った様子が描かれている。当初は，債券などの比較的安全な資産へ投資を実施していた年金基金が，株式さらにはヘッジファンドへ投資を始めた経緯が語られている。

　現在では先進的な運用を行うことで知られているCalPERS（カルパース：カリフォルニア州職員退職年金基金）は，1980年代に株式投資枠の制限を取り払い，多額の資金を株式で運用することを開始している。安全資産投資から株式投資に踏み切った背景には，年金受給者の増加や先進国の低成長率に伴う運用利回りの低下が大きく関係している。安定的な給付を続けるには，継続的

に高い運用利回りを確保する必要がある。そこで，CalPERSは株式への投資配分を高めることに踏み切り，それに加えて大株主として投資先企業に対して経営改革を迫り，時にはCEOの解任といった強硬手段に出たのだ。つまり，「もの言う株主」として企業経営に参画し，業績を回復させ，その企業の株価を上昇させ，基金の運用資産を増加させていくことを企図したのだ。

　当初は順調に思えた株式投資だが，2000年のITバブル崩壊により，株価や債券価格が軒並み下落し，CalPERSは大きな損失を被った。損失を取り戻そうと新たな投資先を模索する中で，名前があがったのがヘッジファンドだ。ヘッジファンドとは，どのような相場状況にあってもプラスの運用利回りを確保するためにあらゆる手段を用いて資産運用を行うプロ集団である。CalPERSが投資先に選択したヘッジファンドは，ITバブル崩壊時にも比較的良い運用成績を残していた。金融派生商品，先物，空売りといった手法を用いて市場の歪みに投資機会を見出し，莫大な報酬を得ていた。彼らはまさに資本主義の寵児としてもてはやされていた。CalPERSがその投資先のひとつにヘッジファンドを加えたことは，世界の年金基金にも影響を与え，日本の年金基金もヘッジファンドへの投資を行うようになったのである。

　その後，2007年に起こったサブプライム住宅ローン危機に端を発した多くのヘッジランドの閉鎖や投資銀行大手リーマン・ブラザーズの倒産により，CalPERSを含め日本の年金基金も多額の損失を計上した。

　このように，現在，年金基金の投資先として，株式への投資割合は比較的高い水準を維持するようになった。さて，われわれが将来受け取ることになる年金は，運用によって増えるのか？　答えを知るには，「確定給付型年金」と「確定拠出型年金」についての理解が必要になる。

参考：
GPIF ホームページ（https://www.gpif.go.jp/，2018 年 12 月 15 日アクセス）
CalPERS ホームページ（https://www.calpers.ca.gov/，2018 年 12 月 20 日アクセス）

---

⑦ 考えてみよう！

Q1　「新たな資本家」とは，どのような主体を指すのだろうか。
Q2　GPIF のような年金基金は，どのように運用業務を展開しているだろう？
Q3　サラリーマンの厚生年金をはじめ，さまざまな年金の仕組みを考えてみよう。

Part III 社会から企業のあり方を考える

Story 2

企業を動かす大きな力——ESG 投資とエンゲージメント——

　昨年，大きな話題となった海洋プラスチック問題をご存知だろうか。海に投棄されるプラスチックごみは年間1,000万トンにも及び，それらのごみが海洋生物の生態系を破壊している。投棄されたプラスチック・ストローがウミガメの鼻に刺さった映像がSNS上に投稿され，プラスチック・ストロー廃止の声が世界を駆け巡った。そして，米コーヒーチェーン大手スターバックスコーヒーやマクドナルドは段階的にプラスチック・ストローの使用を全世界の店舗で廃止する計画を発表した。

　世界的な大企業の経営に影響を与えた海洋プラスチック問題だが，その裏にはESG投資（社会貢献投資とも訳される）を推進する機関投資家集団が関わっている。米ESG投資推進NGOのAs You Sowは2018年6月14日，消費財大手上場企業に海洋プラスチック問題への対策を求める機関投資家ネットワーク「Plastic Solutions Investor Alliance」を発足させた。このネットワークには4カ国25機関の投資家が参加し，プラスチックごみ問題を解決するために，株主として企業に働きかけを行う，いわゆるエンゲージメントを実施する。具体的には，大手消費財メーカーのネスレ，ユニリーバ，P&G，ペプシコにプラスチック容器の削減や回収についてのエンゲージメントを開始している。さらに，2017年3月のスターバックスの株主総会では，As You Sowがプラスチック・ストロー禁止の株主提案をし，米機関投資家をはじめ株主の30％近い賛同を得た。提案自体は否決されたものの，スターバックスを動かし，マクドナルドやホテル大手のハイアットの経営方針にも影響を与えたことは周知の事実である。

　昨今，ESG投資やエンゲージメントへの動きは機関投資家のなかで主流化した。カリフォルニア州職員退職年金基金（CalPERS）は，2018年の投資先企業とのエンゲージメント計画を発表し，取締役会のダイバーシティ確保と気候変動対応に重点的に取り組むことを表明した。同基金が策定した「投資信念」（Investment Beliefs）に基づき，投資先企業約11,000社に対して，取り

組み状況を評価し，議決権を行使する。

　まず，取締役会のダイバーシティ確保では，すでに2017年に約500社に対して，取締役会に女性取締役を置くよう働きかけてきた。2018年も引き続き，対応が鈍い企業との対話（ダイアローグ）に注力する。また，必要に応じて取締役選任で支持を保留する票を投じる。CalPERSは，取締役会のダイバーシティが高い企業の方が財務パフォーマンスが高いと主張してきている。

　また，気候変動対応では，企業のCO_2排出量削減についての計画や，気候変動に関連するリスクへの対応状況の情報開示を重視する。気候変動対応を推進させるイニシアチブである「Climate Action 100+」にも参画している。2017年には，石油会社エクソンモービルなどに対し気候変動リスクを開示する株主からの決議を採択させることに成功した。

　その他，役員報酬について，パフォーマンスに見合わない役員報酬の撤廃等でも数多くの企業に対して，エンゲージメントを行っている。

参考：
Sustainable Japan ホームページ（https://sustainablejapan.jp/）より下記にアクセス（2018年11月30日）
ニュース「As You Sow、海洋プラスチック問題で機関投資家団体発足。消費財大手に対策求める」2018/06/22
ニュース「カルパース、2018年のエンゲージメント計画発表。取締役会ダイバーシティと気候変動対応に重点」2018/03/24

---

⑦ 考えてみよう！

Q1　ESG投資は，それまでの機関投資家の投資とどのような違いがあるのだろうか。
Q2　ESG投資の拡大により，企業はサステナビリティ経営の志向を強めるのだろうか。
Q3　エンゲージメントの目的や方法について考えてみよう。

📖❓ 調べてみよう！

Q1　機関投資家はどのような会社運用手法を用いているのか調べてみよう。
Q2　ESG投資がうまれた背景を調べてみよう。

【解説】

1　機関投資家による年金の運営

　株式会社は大規模かつ安定した経営活動を行うために，投資家からの投資を望んでいる。一方，年金基金や運用会社も投資を継続して投資収益を確保し続ける必要がある。その結果，現在，世界では大企業の大株主は年金基金や運用会社であることが散見される。

　日本では，厚生労働省が所管する独立行政法人として，厚生年金と国民年金を所轄するGPIFがある。GPIFは，年金給付の財源として年金運用で得た収益を国庫に納めている。英国に拠点をおく調査会社ウイリス・タワーズワトソンが発表した「世界の年金基金ランキング」では，トップ300のうちGPIFの運用資産が世界最大であった。

　東京証券取引所（以下，東証）などが発表した2017年度末の金融機関各部門の株式保有比率をみ

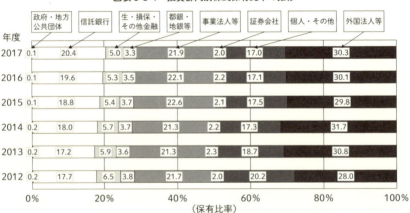

図表 3-3-1　投資部門別株式保有比率の推移

出所）東京証券取引所等「2017年度株式分布状況調査結果の概要」

ると，信託銀行がプラス0.8%の20.4%と4年連続で
増加した。

　また，信託銀行の投資部門別売買状況をみると，
2017年度合計で9,707億円の買越しとなり，4年連
続の買越しとなった。GPIFが管理する公的年金の
年金資産は，主として信託銀行名義になると考えら
れ，同法人が公表している運用資産額は，2017年
度末で約40.7兆円であった[1]。

2　1990年以降の株式所有構造の変化

　近年は，日本では，事業法人が持ち合い株式を処
分し，さらに，国内金融機関（銀行・保険会社）の
保有比率が急速に低下する一方，それに代わって内
外の機関投資家の保有比率が顕著に増加している。

　従来の考え方として，企業は生産活動を通じて利
益を上げることが一般的であった。グローバル企業
の台頭が著しい昨今，その経営手法は所有と経営を
分離し，専門経営者が企業を支配する方法だ。その
会社支配論については2つの視点に大別することが
できる[2]。

(1)　株主価値を重視する視点は，経営を委託され
　　た経営者である代理人とそれを委託した株主
　　との関係をベースに，株主価値の最大化を優
　　先する見方である。

(2)　ステークホルダーを重視する視点は，会社の
　　経営者は会社と関係するステークホルダーの
　　受託者となって事業を運営しなくてはならな
　　いとする考え方である。

　しかし，2007年のリーマンショック以降，商業
銀行やヘッジファンドを代表とする資産運用会社に

Part III 社会から企業のあり方を考える

より短期的利益の追求が過熱したことに批判が高まると，企業の価値を測る指標としての非財務情報，いわゆる「**ESG 報告**」が注目され始めた。

3　機関投資家の影響力拡大

　1990 年代のアメリカでは，CalPERS や TIAA-CREF（教職員退職年金基金・株式ファンド）のような公的年金基金を中心とする機関投資家が株主として，積極的に会社経営に参加するようになった。アメリカの株式会社に対する公的年金基金の株式所有構成比（期末時価ベース）は，1980 年には 3％程度であったものが，1990 年には 7.6％，2000 年には 11.3％というように，その構成比を大きく高めている。

　年金基金の運用は，当初は「**ウォールストリート・ルール**」に基づいたものだったが，次第に，多くの年金基金は同ルールに従うことができなくなり，積極的に発言することを選択するようになった。

　一方，イギリスでも，機関投資家の行動主義（アクティビズム）が注目された。年金基金などの機関投資家が株式保有割合の約 5 割を占め，1990 年代以降，機関投資家の議決権行使のあり方に対して強い批判がなされた。2003 年のコーポレート・ガバナンスに関わる「**統合規範**」においても，「**エンゲージメント**」の必要性や議決権行使に対して責任が求められている。

　また，日本の機関投資家の行動変化として，かつて「モノ言わぬ株主」と呼ばれてきた日本の機関投資家もリレーションシップ・インベストメントや議決権行使などの形で経営者への監視を強化しつつある。たとえば厚生年金基金連合会などが株主総会に

ESG 報告：
2007 年のリーマンショック以降，商業銀行やヘッジファンドを代表とする資産運用会社による短期的利益の追求が過熱したことに批判が高まった。これによって，近年企業は有価証券報告書提出の際，自社の財務情報に留まらず，非財務情報として，環境（Environment），社会（Social），企業統治（Governance）に関する情報も社会に向けて広く開示・発信することになっている。これは ESG 報告で，企業の社会に対する責任でもある。

ウォールストリート・ルール：
ウォールストリート・ルールとは「投資先企業の経営に関して不満があれば，その企業の株式を売却することで不満は解消される」という考え方のことである。米国で最初に誕生したコーポレート・ガバナンスの方式であり，投資家としての意見を，株式市場を通して間接的に経営者に伝えるということを意味する。

統合規範：
ロンドン証券取引所は，1998 年に 3 つの報告（キャドバリー報告書，グリーンブリー報告書，ハンペル報告書）のコーポレート・ガバナンス原則を統合し，新たな規範を作成した。その新しい，新規範は統合規範（Combined Code）と称され，ロンドン証券取引所上場規則集に添付された。

おいて経営者の提案に反対投票する比率を高めてきたのは2000年以降のことである。さらに，投資家のエンゲージメントとして，投資家の発言権を行使し，直接的かつ柔軟に経営者の規律付けを志向しようとしている。

2010年，イギリスにおいて，機関投資家のあるべき姿を規定したことを模範としてスチュワードシップ・コードが策定され，日本でも，金融庁は，2014年2月に「責任ある機関投資家の諸原則（日本版スチュワードシップ・コード）を公表した。当該原則を，基本は遵守するとした上で，遵守しない場合には，その理由の説明が求められることとされた。

また，2006年には，国連の「責任投資原則（**PRI**：Principal for responsible Investment)」が創設され，2018年には機関投資家2,006社が署名参加した。日本のGPIFも2015年に参加している。

4　年金基金による投資先の変化

年金基金は，受給者の拡大に伴い，一定以上の運用利回りを確保する必要がある。その結果，年金基金や運用会社など，機関投資家による大企業の株式保有が増えている。先述のGPIFの運用手法を見てみると，運用会社大手ブラックロック，ステートストリートなどへ運用を委託している。また，委託先での運用手法には定められたインデックスと同等のパフォーマンスを確保するためのパッシブ運用と運用会社独自の手法で運用を行うアクティブ運用がある。年金基金は運用手数料の割安さや平均への回帰の考え方によりパッシブ運用を好む傾向にある。しかし，リーマンショックのように一時的に市場が

エンゲージメント：
投資家による議決権行使や投資先の候補となる企業や既存の投資先企業の経営トップ・IR部門またはIR以外の担当者と投資家の発言権を行使して，直接的かつ柔軟に経営者の規律付けを可能にするものである。また，投資家の発言権（voice）を行使して，直接的且つ柔軟に経営者の規律付けを可能にするものと定義し，株式の売却（exit）やその脅威（threat）によって規律付けを行うような伝統的なコーポレート・ガバナンスのパラダイムと対照的なものとして位置付けている[3]。

PRI：
2006年，国連環境計画・金融イニシアティブ（UNEP FI）が主導として作成した自主的な投資原則のこと。機関投資家の意思決定プロセスにESG課題を受託者責任の範囲内で反映させるべきとしたガイドライン。

Part III　社会から企業のあり方を考える

シュリンクするリスクに備えて，**アクティブ運用へ**の投資も実施している。

　さらに，近年，企業は有価証券報告書提出などの際，自社の財務情報に留まらず，非財務情報も社会に向けて広く開示・発信することが求められるようになった。これに関して，機関投資家も社会的責任の観点から企業側へ様々な情報の開示を求めている。特に近年は，ESG 報告が一般化されつつある。GPIF が「**ESG 指数**」の選定を公表し，ESG の要素に配慮した投資は，長期のリターンを改善する効果が期待できるとした。その結果，企業の ESG 報告を参考にして，ESG 投資する機関投資家が年々増加している傾向にある。このような株式会社の社会的責任に対する取り組みは，機関投資家だけに留まらずに多くのステークホルダーが注目しているのが現状である。

アクティブ運用：
運用成果の基準となるベンチマーク（日経平均株価指数など）を上回るパフォーマンスを目指す運用手法のこと。一方，パッシブ運用の場合は，ベンチマークに連動する運用成果を目指す。アクティブ運用の場合，個別の銘柄の価値を調査・分析することに重きが置かれる。

ESG 指数：
ESG 指数には，①ESG 評価の高い銘柄を選別する「ポジティブ・スクリーニング」，②公開情報をもとに企業の ESG を評価し，その評価手法や評価結果も開示，③ESG 評価会社及び指数会社のガバナンス体制・利益相反管理の 3 点を重視している。

5　新たな資本家

　ピーター・ドラッカー（Peter F. Drucker，以下ドラッカー）は 1976 年の著書『見えざる革命』で「年金基金社会主義」論を論じている。当時のアメリカにおいて最も強力な資本家は，労組組合員や公務員などの加入する年金基金であるとした。

　民間の企業年金基金と公務員年金基金は事業会社の株式を多数保有するに伴い，1970 年代にはアメリカ大企業を所有する資本家は中低所得の勤労者となったのである。

　当時，民間企業の労働者の年金基金は，全産業の株式の 4 分の 1 を所有していた。同時に，自営業者，公務員，教員の年金基金は全産業の株式の 1 割

以上を所有した。

　これら年金基金によってアメリカ企業の株式の3分の1以上が保有され，その割合は増加し続けた。

　ただし，当時の大企業の取締役会は，新しい形の所有者である投資者，すなわち年金基金の利害を代表するものではなかった。

　ドラッカーの「年金基金社会主義」論において会社側に求められた組織は，現在，社外取締役，独立取締役などとよばれる「専門取締役」を設けることであり，会社内部の管理職ではない者が株主の利益を代弁するために選任される組織である。

　このように，株式会社は大規模な経営活動を目指すために，機関投資家としての年金基金や運用会社の依存度が非常に大きく，その結果，機関投資家は新しい資本家として，世界中の大企業を支配するようになったといっても過言ではない。また，直接株式を取得する以外にも，ヘッジファンド，特にアクティビスト・ファンドへの投資を行い，ヘッジファンドが企業経営に強力な影響を及ぼすことも少なくない。

【注】
1　東京証券取引所等「2017年度株式分布状況調査結果の概要」
2　中村みゆき（2007）「現代企業の社会的責任」佐久間信夫編『新版現代経営学』学文社，71頁
3　中嶋幹（2008）「投資家のエンゲージメント〜責任投資原則のもう一つの重要な論点」『日興ファイナンシャル・インテリジェンス』2008年10月号，5頁

【参考文献】
佐久間信夫・田中信弘編著（2011）『現代CSR経営要論』創成社
森本三男（1994）『企業社会責任の経営学的研究』白桃書房
Brugmann, J. & Prahalad, C. K. (2007), "New Social Compact," *Harvard Business Review*, February, pp. 80-90

3-4

CSR ってなに？

Story 1

スターバックス・コーヒーのフェアトレード
── コーヒー豆生産農家の生活は保証されているのか ──

　日本だけでなく世界的に親しまれているスターバックス・コーヒー（以下スタバ）の興味深い活動について紹介する。もちろん，この話はコーヒー愛好家だけに限られることかもしれない。同社の美味しいコーヒーを飲んでいる間，浮かび上がる疑問が，日本で栽培ができない「コーヒー豆の原価はいくらだろう」というものであろう。スタバのホームページから確認すると，スタバが調達しているコーヒー豆は，コスタリカのサンホセ，ルワンダのキガリ，中国の雲南省，タンザニアのムベヤ，コロンビアのマニザレス，エチオピアのアジスアベバという5カ所からであった。いずれにしても調達先の国々は，経済的に収入が少ない，生活水準が高いとはとても思えない途上国がすべてである。

　同社は「C.A.F.E. プラクティス」をはじめとする倫理的な調達プログラムを有している。ここでいう「C.A.F.E. プラクティス」のC.A.F.E. とは，coffee and farmer equity の頭文字をとった表現であり，具体的には労働環境の改善，児童労働の規制，土壌侵食や汚染防止など生物多様性の保全に対する取り組みを含む包括的かつ測定可能な基準が提示された購買ガイドラインのことをいう。同社では，自社に納入するサプライヤーがこれらの基準を実際に守っているかどうかを確認するために，外部の第三者機関による認証プログラムも運営している。

　このC.A.F.E. プラクティスは，基本的に国際的な認証機関であるフェアトレードの考え方を受け継いでいる。このフェアトレードは，コーヒー豆以外に紅茶・カカオ・スパイスハーブ・果物・ワイン・切花・コットン製品など普段我々の生活と密接なものが沢山含まれている。フェアトレードは国際機関であ

るインターナショナル・フェアトレードを中心に近年それらの活動が繰り広げられているが，日本でもフェアトレード・ジャパンが認証などを行う主体となっている。

　一方，近年，コーヒー豆の生産農家の苦しい生活の実情を明かしたDVDに『おいしいコーヒーの真実』がある。これにはエチオピアの生産農家の苦しい生活を明らかにしただけでなく，それらの諸問題を乗り越えるためにエチオピア人自らが起こした様々な事業活動も紹介されている。すなわち，このDVDには「従来までコーヒー豆生産農家とコーヒー・メーカーの間で中間業者が高いマージンを得ていた構造的な仕組みがいかにできていたか」，さらに「コーヒー豆生産農家から私たち消費者までいかなる経路で消費されているか」について生々しく紹介されている。

　しかし，興味深いのは，現在スタバが社会的活動の宣伝材料として取り上げているC.A.F.E.プラクティスなどが，実は最初NGOからの激しい抗議デモから始まったことである。要するに，NGOによる不買運動のような激しい抗議デモがなかったら，同社経営の中でこれらの社会的かつ倫理的取り組みを自ら営むことはできなかったことに他ならない。

　これらのフェアトレードの活動は，基本的にサステナビリティに根幹を成している。すなわち，コーヒー豆生産農家の犠牲の下で，スタバのようなコーヒー・メーカーや中間調達業者だけが利益を独り占めする構造ではなく，コーヒーの生産や販売活動に参加しているすべての経済主体がともに持続的な発展を成し遂げることが期待できる仕組みづくりが必要なのである。

参考：
映画『おいしいコーヒーの真実』（製作年：2006年，製作国：イギリス・アメリカ，自主映画，監督：
　　ニック・フランシス）

---

⑦ 考えてみよう！

Q1　フェアトレードは誰のためのものなのか。
Q2　C.A.F.E. プラクティスはどのような意義を有するのか。
Q3　スタバがフェアトレード認証を取得したきっかけは何か。

Part III 社会から企業のあり方を考える

Story 2

フォックスコン社の従業員飛び降り自殺事件
──アップル社の生産責任はどの範囲までなのか──

　2013年5月19日に台湾のフォックスコン（富士康集団，Foxconn）の中国東部・河南省鄭州の工場で，過去3週間に3人の従業員が飛び降り自殺する事件が発生した。日本では鴻海科技集団という名でシャープの買収に積極的に取り組んだ企業としてよく知られている。この会社は，スマートフォンなどの電子機器メーカーとして世界的な地位を得ており，日本でも馴染み深い米アップル（Apple）社の調達先企業としてもよく知られている。近年では日本企業である任天堂のNintendo Switchやソニーのプレイステーション，ソフトバンクのPepperの部品製造を請け負っていること以外に，マイクロソフトのゲーム機，ノキアやファーウェイのスマートフォンの部品製造にも関わっている。

　この事件は，米ニューヨークの労働権利団体である中国労工観察（China Labor Watch）が暴露することによって明らかにされた。AFP通信の報道によれば，同工場の敷地内では4月24日に24歳の男性，4月27日に23歳の女性，5月14日に30歳の男性が次々と同様の投身自殺で死亡していることが分かった。しかし，いずれの事件に関しても自殺の原因が明らかにされていなかった。

　今回の事件を引き起こしたと見られる同社は，米アップル以外にもソニーやノキア（Nokia）などの世界有数のメーカーの電子製品の組み立てを請け負っていた。より深刻な事実は，2013年だけに限って発生していたものではなく，2010年にも既に少なくとも13人の従業員が自殺で死亡したとみられている。同団体によれば，これらの事件の根本的な原因は従業員に対する過酷な労働条件にあると主張され，従業員の労働条件を改善することを強く要求したという。

　さらに『日経ビジネス』（2016年9月1日号）の報道によると，それらの事件が引き起こされた原因として2つがあるという。第一は，EMS（電気機器の受託を行うサービス）業界の中での過当競争である。当時，競争相手企業よ

り業績の面で不振が続いていた同社は，オーナー経営者であった郭台銘氏の指揮の下で労働強度を強化するように従業員達に要求していたという。

第二の原因は，当時の従業員達の主力となっていたのがほとんど1990年代以後に生まれた世代であったことである。彼らは中国では「90后」といわれ，精神的に「ひ弱でありながら高望み」する傾向があるという。彼らは当時同社が掲げていた「軍隊式経営」に適応できなかった可能性が高い。

要するに，今回の事件は，安価な労働力によって支えられていた経営と，精神的に「ひ弱でありながら高望み」する体質を有する従業員との不調和が引き起こしたものとして理解されている。これらの事件を受け，主力工場である深圳工場では従業員約2万人が参加する集会が開かれるなど労働者側の反発も大きく，労働組合の幹部らが同社に対して事件の再発防止のための呼びかけも行った。

その後，同社は世界各地からの激しい批判を受け入れなかったものの，結果的に賃金を約70％引き上げるなどの改善も見られた。さらに，アップル社はこれらの事件をきっかけに独自にフォックスコンの労働条件について監査を行った。

---

⑦ 考えてみよう！

Q1　事件をめぐるフォックスコン社の問題点は何か。
Q2　部品納入されたアップル社の責任は何か。
Q3　事件後アップル社が行った対応は何か。

調べてみよう！

Q1　グローバルな事業展開が行われているサプライチェーンの中で社会的かつ倫理的な問題が発生する場合は，いかなる基準とプロセスで解決するのか。
Q2　90年代にナイキやリーボックなどのようなアパレル業界で引き起こされた不祥事について調べてみよう。

Part III 社会から企業のあり方を考える

【解説】

1　企業の社会的責任とは何か

　企業の社会的責任という考え方は，歴史的に2度注目されていた。そのひとつが1970年代の米国を中心に現れた「企業の社会的責任（social responsibilities of business corporations)」であり，もうひとつが1990年代後半のヨーロッパを中心に進展しているCSR（corporate social responsibility）である。

　前者は当初，米国企業および教育機関のリーダー的な存在200名で構成された「経済開発委員会」(The Committee for Economic Development : CED）が1971年に5年間の成果として集約した報告書のタイトルであった。これがその有職者会議によって政策見解という形で公表された。当時は米国内に蔓延していた社会的な矛盾として認識されていた消費者保護・環境規制・雇用平等などについて触れ，それらの課題の根本的な原因が米国の大企業にあることに警鐘を鳴らしていた。

　次に，1990年代後半以後グローバルな次元で発生しているCSRのムーブメントが注目された。当時は，地球社会の持続可能な発展を求めるグローバルな運動が注目されていた。これは企業に対して環境・社会の面においても責任ある活動を求めている傾向があるが，特にグローバルな事業展開による負の側面に注目し，それらを是正するためには多国籍企業の事業活動を厳格に規制することが不可欠であると強調されている。CSRが全世界的な拡散を余儀なくされたのは，国際的なNGOの影響力の拡

大，**SRI**（社会的責任投資，市場がCSRを高く評価する動き）の台頭などの動向も注目に値する。後者のSRIは，1990年代から始まり欧米を中心に急激に拡大されたが，その背景にはCSRへの関心の高まりがある。その理由としては「CSRに充実した企業は業績も良い」という認識がある。言い換えれば，投資者による投資概念の変化に起因するものである。米国やヨーロッパに比べると規模の面では日本において今後発展の余地は多いと評価されている。

CSRブームが全世界的に引き起こされた背景には，以下のような動きも看過できない。

① イギリスのサステナビリティ社のジョン・エルキントン氏が企業評価の尺度として「トリプル・ボトム・ライン」という考え方

② 国連のアナン事務総長が1999年に提唱した「グローバル・コンパクト」の考え方

③ EUが2001年に発表したグリーンペーパー（"Promoting a European Framework for Corporate Social Responsibility"）の考え方

一方，このようなCSRのグローバルなレベルにまで拡散された潮流は日本にも大きな影響を与えた。日本企業にとってはある意味ではCSRの導入に対するプレッシャーとして働いたと経済界では認識されている。日本の経済界に影響を与えたとされる具体的な動向は，経済同友会や日本経団連によるCSR専属部署の積極的な導入が見られる。2003年は「CSR元年」の年として認識されるほど全国規模でCSR関連の専属部署の設置が急拡大された。さらに，サステナビリティ報告書やCSR報告書の

SRI（socially responsible investment）：
これは「社会責任投資」ともいわれ，事前に設けられている倫理的かつ社会的な基準に基づいて投資する対象企業を選別することによって社会のニーズに適合した投資を促すことを主な目的とする。このSRIの手法には，社会的かつ倫理的業績が乏しい企業を除くネガティブ・スクリーニングと，社会的かつ倫理的業績が多い企業をリストアップするポジティブ・スクリーニングがある。

Part III 社会から企業のあり方を考える

作成のブームもこれらの動向を裏付けている。

　また，CSRを促進する世界的な動向としては，CSRの規格化と環境報告書のグローバルなスタンダードの作成などがある。

　まず，2004年6月に**国際標準化機構**（International Organization for Standardi-zation：ISO）によってCSRの規格化が決定された。これは既にISO9000，ISO14000という形で結実されたが，2010年にはISO26000が制定されるなどの新たな動きもある。これが従来のものと異なる点は，企業に限らず組織の「社会的責任」（Social Responsibility：SR）に関する第三者認証を目的としない国際ガイダンス規格であるところにある。

　第二に，サステナビリティ報告書の作成のためのグローバルなガイドライン策定のために，1997年に国連環境計画（UNEP）とNGOのセリーズが中心となってGRI（Global Reporting Initiative）が創設された。このガイドラインは，2000年1月の第1版が発行された後，2000年8月に第2版，2006年10月の第3版，2013年5月の第4版の改定版が発行された後，2016年10月にGRIスタンダードに名称が変更された。

国際標準化機構（International Organization for Standardization）：
ISOともいわれ，1947年にスイス・ジュネーブに設立された非営利組織である。同機構は，国際的な標準規格を策定しているが，国ごとに異なっている規格を有しているため，生じる様々な問題を解決するために標準規格を提供している。その主な目的は，国家間の貿易を促進することにある。同機構には2018年1月現在，162団体が加盟している。

2　CSR調達はどのように実行可能なのか

　実際に，近年サプライチェーンをめぐるイシューは，モノづくり以外の様々なところからも発生している。サプライヤー側で主に発生している問題としては児童労働，人種差別，長期労働時間，労働組合権の欠如，汚染などがある。さらに，メーカー側で発生している問題には，汚職，結社の自由，危険な

労働状況などがある。流通業者で発生している諸問題には卸業者差別，賄賂，公正な競争，非倫理的な投資などの問題がしばしば指摘されている。

これらの諸問題を解決するためには，社会的なコントロールが必要であるという。その形態として取り上げられているのが法律，アフィニティ・グループの規則，自主規制，倫理的教義，メディア，市民社会などがある。ここではサプライチェーンを基本的な競争単位とする際に，近年特に自主規制の手段として期待されている「責任ある企業同盟（Responsible Business Alliance：以下RBA）」に注目する。2017年4月現在，全世界でこのRBAへ加盟している会社は140社以上であることが明らかになっている。

このRBAは，米国で2004年6月から10月の間に電子製品の製造に従事していた多くの企業によって策定されたEICC（Electronic Industry Code of Conduct）の基本理念を受け継いでいる。当時，このEICCのメンバーとして活躍しているのがCisco, DELL, Foxconn, HP, IBM, Intel, Lucent, Microsoft, Seagate, ソニーなどであった。

日本の代表的な事例にはイオングループ，NEC，ソニー，資生堂などがあった。具体的には，2003年5月に策定したイオングループの「サプライヤーCoC（取引行動規範）」，NECの「NECグループ行動規範」などがある。

このRBAは，2017年に従来のEICCという名称から改名された。このEICCは最初エレクトロニクス産業という限られた分野で従事していた企業にその遵守を促されていたが，それらの産業の部品が新

Part III 社会から企業のあり方を考える

たに自動車，玩具，飛行機，IoTテクノロジーにも
適用されていることを受け，参加させる企業の範囲
をさらに広げたという。

RBAが策定している行動規範は，主に労働環境
の安全性，労働者への敬意と尊厳を払う処遇，環境
保護，業務プロセスの公正性などを行動規範として
定められている。同規範に参加している企業に対し
ては，少なくとも本規範の遵守宣言とともに，サプ
ライチェーン全体のイニシアチブとして参加企業は
勿論，それらの企業に部品を納入している一次サプ
ライヤーにも同規範の遵守が要請されている。

このRBAは，基本的にILO宣言および世界人権
宣言，そして主な国際的な人権基準に基づいて制定
されたものとして認識されている。

同規範は，5つの分野で構成されているが，具体
的には，それぞれA（労働），B（安全衛生），C（環
境保全），D（企業倫理），E（規範の遵守を管理す
るための適切なマネジメント・システム）について
明記されている。

さらに，同規範では倫理監査が義務づけられてい
る。詳細には「自己調査（Self-Assessment Ques-
tionnaire)」，「第三者機関による監査（Validated
Audit Process)」，「第二者（サプライヤーの顧客
企業）による監査（Customer Managed Audit)」，
「RBA参加企業もしくは第三者監査機関による
RBA参加企業への監査（Auditee Managed Au-
dit)」を義務付けている。日本ではRBAの第三者の
認証機関としてビューローベリタスなどが監査業務
に従事している。

162

3 地域社会とCSV

　近年，企業と地域社会との共生の観点からCSVが重要なキーワードになっている。ここでいうCSVとは，Creating Shared Valueの略称で，「共通価値の創造」と訳されるのが一般的である。この概念は，米国のハーバード大学教授のマイケル・E.ポーターとマーク・R.クラマーによって提唱されたことで有名であるが，企業が主体的に社会的な課題に取り組み，社会に対して共通の価値を生み出すことを目指す。言い換えれば，社会的な発展と経済的な発展を繋げることに焦点を当てた共通価値の概念がグローバルな成長を紐解く力を有しているといわれている。この概念は現代資本主義の緊急の課題を事業活動として取り組むべきものとして理解されており，新たなイノベーションの創出と社会効率の改善をもたらすであろう。

【参考文献】
佐久間信夫・田中信弘編著（2011）『現代CSR経営要論』創成社

3-5 NGOは企業にとって怖い存在なの？

Story 1

NGOのアクティビズム
――グリーンピースとシェル社とのブレント・スパー事件――

　売上高が世界第2位の石油エネルギー企業であり，ユーロネクスト，ロンドン証券取引所，ニューヨーク証券取引所に上場しているロイヤル・ダッチ・シェル（Royal Dutch Shell，以下シェル社と表記）は，環境保護と平和を願い活動する国際環境NGOのグリーンピース（Greenpeace）の働きかけによってCSRに対する姿勢や取り組みが大きく変わった。いわゆるグリーンピースとシェルとのブレント・スパー事件である。

　シェルは英国政府の許可を得て北海に使用済みのブレント・スパーという名の1万5,000トンの大型石油掘削プラットフォームを何の処理もせずに海洋投棄することを決めていた。

　プラットフォームには石油や有害物質が残されており，何の処理もせずにそのまま海に放棄してしまうと海洋汚染を引き起こすことは明白であった。そのため，北海への有害廃棄物投棄に反対するキャンペーンを行っていたグリーンピースはシェルの計画に反対し，シェル石油のボイコット（boycott）運動がドイツ，オランダ，デンマークに広がった。

　このような反対運動にも関わらず，シェル社は海洋投棄を実行しようと試みたが，「海をゴミ捨て場にしたくない！」と思う消費者による不買運動やNGOからの市民への廃棄計画の情報提供活動はヨーロッパ全域まで広がった。莫大な経営損失を被ることになったシェル社は1995年6月にブレント・スパーの海洋投棄計画を撤回し，ブレント・スパーを陸上で解体した。解体されたブレント・スパーはノルウェーの埠頭の土台としてリサイクルされることになった。

その後，シェル社は同じような間違いを起こさないためにビジネス活動において1997年に英国サステナビリティ社のジョン・エルキントン氏が提唱した「経済・社会・環境」の3つの要素を取り入れる「トリプルボトムライン」（Triple Bottom Line）の考え方を1998年，1999年に公表したシェルレポートという報告書で採用し，ブレント・スパーの教訓を振り返った。また，インターネットを利用したシステムを設け，全世界から多くのコメントを寄せ，それらを検討する対話を進め，年次報告書に保険・安全・環境に関する活動の開示と検証を行い，組織改革や従業員の教育を含め，全社的にCSRに取り組んでいる。さらに，グリーンピースをはじめ多くのNGOと継続的な会合を持ちながら積極的にNGOとの情報交換を行っている。

この事件は国際社会が海洋環境保護の必要性への認識を高める一要因となり，海洋汚染の防止措置を更に強化するためのロンドン議定書が1996年11月に採択されることとなった。後に，北欧諸国は海底への石油採掘用の構造物の廃棄を禁ずる法的措置をとった。

このようにNGOの活動は企業だけではなく国際社会のルールにも影響を及ぼす存在となっている。

参考：
NGO グリーンピース・ホームページ（https://www.greenpeace.org/archive-japan/ja/campaign/toxics/brent_spar/，2018年12月28日アクセス）

? 考えてみよう！

Q1　シェルはなぜ，ブレント・スパーの海洋投棄計画を中止したのか。
Q2　グリーンピースの活動がシェルに及ぼした影響について考えてみよう。
Q3　NGOと企業との関係について考えてみよう。

Part III 社会から企業のあり方を考える

Story *2*

NGO と企業の協働
――ユニリーバとオックスファムの協働――

　日用品・食品のブランドを世界180カ国で展開する消費財メーカーのユニリーバは，ユニリーバ基金を通してグローバル・パートナーと協力し，基礎的な衛生・栄養，安全な飲み水へのアクセスがなく，厳しい状況にある人々の生活の質を向上させるための活動を行っている。ユニリーバのグローバル・パートナーは，セーブ・ザ・チルドレン（Save the Children），オックスファム（Oxfam），世界人口サービス（PSI），ユニセフ（UNICEF）などである。

　ここでは，ユニリーバと世界90カ国以上で活動する国際協力団体で貧国をなくすための活動をしているオックスファムとの協働を取りあげてみよう。

　ユニリーバ基金では，オックスファムとパートナーシップを結び，貧困者（特に女性）が貧困から抜け出せるように様々なサポートをしている。

　たとえばイギリスでは，貧困女性とその家族を支援するプログラムを実施している。数千人に栄養バランスのとれた食事の緊急支援やそうした人々が公的支援や職業訓練などを受け，「いきいきと生きられる」ようにサポートしている。タイでは，農村部の女性を対象にビジネスや農業の技術研修を行い，女性の経済的・精神的自立にも貢献している。カンボジアでは，71の村に安全な水や基本的な衛生設備を提供し，メキシコでは，天候変動の影響を大きく受けたタバスコ州で家庭用浄水器ピュアイットを寄付している。なお，日本でも，東日本大震災後，シングルマザーや外国籍の方など支援が届きにくい人々への支援活動を行っている。

　ユニリーバはオックスファムと協働することによって国際社会で重要課題とされている社会課題の解決に取り組むことができるとともに，オックスファムの現地ネットワークや社会課題の解決のノウハウも活用することができる。

　また，ユニリーバは，早くからNGOと協働し，途上国のサプライヤーの労働状況に関する実態調査を実施している。オックスファムからユニリーバのサプライチェーンにおいて，トップのコミットメントと実際の労働状況に隔たり

があるとして，実態把握のための協働調査の提案を受けたユニリーバはオックスファムが実態を正確に調査できるよう，サプライチェーンの現場・関連情報を開示し，全面的に協力した。オックスファムは2011年，ベトナムの48のサプライヤーを対象に聞き取り調査を実施し，調査結果および改善に向けた提案をまとめた報告書を2013年に発行した。また，2016年の報告書には，2013年に改善が求められた従業員の生活向上への支援，サプライヤーにおける人権教育などの事項が改善された旨が報告されている。このように，ユニリーバの取り組みがオックスファムのみならず社会から高く評価されるようになった。

参考：
エコネットワークスホームページ（http://www.econetworks.jp/internatenw/2018/12/unilever_labour/，2018年12月28日アクセス）
ユニリーバホームページ（https://www.unilever.co.jp/about/unilever-foundation/，2018年12月28日アクセス）
Oxfamホームページ（Labour Rights in Vietnam: Unilever's progress and systemic challenges）（https://policy-practice.oxfam.org.uk/publications/labour-rights-in-vietnam-unilevers-progress-and-systemic-challenges-614926，2019年1月6日アクセス）

---

⑦ 考えてみよう！

Q1　なぜ企業はNGOと協力して活動を行うのか考えてみよう。
Q2　企業とNGOとの協働はCSRの一環なのだろうか。
Q3　ユニリーバとオックスファムが協働して行っている活動について考えてみよう。

調べてみよう！

Q1　多国籍企業がNGOと協力して行っている活動を調べてみよう。
Q2　日本企業のNGOとの協働関係について調べてみよう。

【解説】

1 NGOとは

　NPOとNGOは，いずれも社会的課題に取り組む活動をする民間団体である。NPOとは非営利組織（Non-Profit Organization）のことで，社会的な問題に営利を目的とせずに取り組む民間組織である。一般の営利組織の企業は事業利益を株主や従業員に分配するが，NPOの場合は事業利益を分配せず，事業活動の運営資金に充てる。

　一方のNGOは，非政府組織（Non-Governmental Organization）のことで，政府や政府間の協定によらずに作られた民間団体である。もともとは国際連合の国際会議に出席する政府以外の民間団体を指す。その基本的特徴は，非政府性（政府から独立した民間団体），国際性（その構成や活動の目的が国際的），非営利性（営利を目的・配分しない）である。国連にはこうした基準を満たす多様な非営利組織がNGOとして登録されている。また今日では国連に関係しない場合でも，地球的視野の問題解決に非政府・非営利の立場で取り組んでいる市民主導の組織をNGOと総称している。

　日本では一般的に，国内の課題に取り組む団体をNPO，開発，貧困，紛争，環境保護など国際的な課題に取り組む団体をNGOとして区分しているが，広義では様々な社会的課題に取り組む非営利組織を総称してNPOとするため，NGOはNPOに含まれる。一定の要件を満たす団体は，1998年に成立した「特定非営利活動促進法」（NPO法）に基づいて法人格を取得できる。但し，日本ではNGOの

登録制度がないためにNGOでも法人格上は「特定非営利活動法人」（NPO法人）を取得して活動する団体も多くある。

2　CSR と NGO

この章で取り上げているNGOと企業の関係を理解するために，CSR（Corporate Social Responsibility：企業の社会的責任）とNGOとの関係から検討していこう。

CSRが求められるようになった背景は，企業が事業活動を通して欠陥商品の販売，食品の産地偽装，労働者の人権侵害，公害問題，自然環境の汚染，産業廃棄物の不始末など，社会に弊害を及ぼし，負の影響を与えてしまうことが多発したことへの社会の厳しい批判とその防止を求める社会の要請によるものである。

CSRとは，企業が社会や自然環境などステークホルダーに果たすべき自発的責任である。ステークホルダーとは，「企業目的の達成に影響を及ぼし，あるいは影響される集団もしくは個人」（Freeman 1984）であり，企業の事業活動に影響を与え，企業に必要な資源を提供する主体として投資家，従業員，サプライヤー，消費者とそれらの活動および決定によって直接的・間接的に影響される主体として，一般社会，地域社会，政府，社会活動団体（NGO）などを指す（Post et al. 1999）。CSRには，経済的責任，法的責任，倫理的責任，社会貢献的責任がある。

従来のCSR活動は，1970年代には社会貢献的責任の一環としての**フィランソロピー**やボランティア

フィランソロピー（philanthropy）：
博愛，慈善，慈善活動。企業や経営者が自発的に行う最も高次な企業の社会的責任としての社会貢献活動。具体的には，文化芸術活動，スポーツ活動，福祉活動，国際交流，地域イベントなどへの企業の支援活動を指す。

Part III　社会から企業のあり方を考える

活動，NGOへの寄付などが一般に行われていた。
この時期，早い段階から市民およびNGOのCSRへ
の関心が高かった欧米において，NGOのCSRに対
する活動が活発に行われていた。NGOは企業活動
を監視し，CSRを問い批判する活動が多く行われ，
企業と対立する関係であった。1980年代から1990
年代にかけてのNGOの活動は，CSR問題に対して
問題提起や抗議活動など**アドボカシー**型の活動が多
く見られ，企業と中立的な関係へと変わっていっ
た。1990年代以後のNGOの活動は，Story 1のシェ
ル社のブレント・スパー事件やナイキ社の東南アジ
ア委託工場における児童労働問題に対する不買運動
事件など，企業との対立関係と企業と協力・連携し
ながらCSRを推進する協働関係が併存するように
なった。

アドボカシー：
Part III 3-6（184頁）参照。

　CSRとNGOとの関係が促進された背景には，「国
連環境開発会議」（UNCED）のNGOの参加および
環境問題への市民参加が勧められた「リオ宣言」が
ある。1992年6月にリオ・デ・ジャネイロで開催さ
れた国連環境開発会議に多くのNGOが参加したこ
とをきっかけにその後の国連会議にNGOが参加・
発言していくようになった。また，その会議で採択
された「リオ宣言」の第10原則において「環境問
題はそれぞれのレベルで関心のある全ての市民が参
加することにより最も適切に扱われる」と記され，
市民の参加と企業や政府とのパートナーシップによ
る環境問題への取り組みが進められた。

　上記で述べたように早い段階から積極的な活動を
見せていた欧米発のNGOと比べると，日本のNGO
は規模面においてもキャリアの面においても未熟で

あり，企業とNGOの関係が欧米ほど積極的に行われていないように思われる。

3　NGO の役割及び活動の類型

　CSRに対するNGOの役割と影響には次の6つのタイプがあると言われている（長坂 2003）。①企業を評価・監視する役割，②企業とコミュニケートする役割，③企業を教育・コンサルタントする役割，④企業と協働する役割，⑤企業の従業員が行うボランティア活動を支援する役割，⑥NGOが自ら社会責任投資を行う役割（社会事業型NGO）がある。

　これらの役割の中で，CSRに多大なる影響を及ぼすNGOの役割を，企業活動の実態を調査，監視し，CSRを問う役割を担った活動（監視型）と企業と協働して社会課題の解決に向けての役割を担った活動（協働型）と2つのタイプに分けることができる。

⑴　監視主体としての NGO のアクティビズム（監視型）

　監視主体としてアクティビズムを展開するNGOの活動は，不買運動や訴訟などを通して企業経営の政策や活動の改善に働きかける。Story 1で取り上げられた1995年のシェル社の事件のように社会問題を起こす多国籍企業を監視するNGOの活動が活発化したことによって，環境や人権を保護しない企業がしばしばNGOや市民運動の標的にされることで，時には企業にとって重大なリスク要因にもなる。

　すなわち，特定のNGOの働きかけにより，国内

Part III 社会から企業のあり方を考える

のみならず，海外の消費者，政府，他のNGOをも
呼び込みながら，大規模な多国籍企業に重大な打
撃を与える。このように，多国籍企業のCSRを促
進させ，NGOの主張が国際協定になったことは，
NGOの監視行動がCSRに及ぼす影響力の大きさ
を物語っている。NGOからの働きかけによって，
CSRを見直すきっかけとなり，CSR経営を積極的
に取り入れる企業は今日では少なくない。

⑵　企業とのパートナーシップを通じた社会問題の
　　解決（協働型）
　　Story 2の事例のように企業とNGOがパートナー
シップを結び，様々な社会問題の解決に取り組む企
業は，NGOからCSR活動の支援を受け，より大き
な成果を上げている。
　　NGOと協働することによって企業が得られるメ
リットは，社会のニーズや緊急課題の把握，および
社会貢献活動のノウハウの入手ができることであ
る。多くのNGOは，人権保護，環境保護，開発援
助，平和維持，飢餓撲滅，災害地援助，貧困撲滅
などの分野で活動している。これらの活動分野は，
SDGsの17目標，すなわち，国際社会が緊急・優
先課題として取り上げている分野と合致する活動が
多いことを意味する。このようにNGOの活動は社
会における緊急課題の解決に向けた活動であり，そ
の課題への取り組みは企業にとってもCSRの重要
課題にもなる。
　　日本経済団体連合会が会員会社を対象に行った
2006年度「社会貢献活動実績調査結果」による
と，57％の企業がNPO・NGOを「社会貢献活動推

SDGs（Sustainable Development Goals）：
経済社会理事会の下部機関のひ
とつであり，開発途上国に対す
る技術援助活動を行う国連機関
の国連開発計画（UNDP）にお
いて2001年に策定されたミレ
ニアム開発目標（MDGs）の後
継として，2015年9月の国連
総会で2030年までの国際開発
目標として採択された「持続可
能な開発目標（SDGs）」であ
る。正式名称は，「我々の世界
を変革する：持続可能な開発の
ための2030年アジェンダ」で，
17のゴール・169のターゲッ
トから構成される。

SDGsの17目標：
17目標は，①貧困の撲滅，②
飢餓撲滅，食料安全保障，③健
康・福祉，④万人への質の高い
教育，⑤ジェンダー平等，⑥水
・衛生の利用可能性，⑦エネル
ギーへのアクセス，⑧持続可能
な経済成長，雇用，⑨産業と技
術革新，⑩国内と国家間の不平
等の是正，⑪持続可能な都市，
⑫持続可能な消費と生産，⑬気
候変動への対処，⑭海洋資源の
保全・持続可能な利用，⑮陸域
生態系の保全，⑯平和で包摂的
な社会の促進，⑰持続可能な開
発のためのグローバル・パート
ナーシップの活性化，である。

進の有力なパートナー」として認識している。ま
た，2017年度の同調査によると，企業と非営利組
織との連携比率が2002年度の61％から，2017年度
には83％にまで増加している。また，外務省及び
JANICの『NGOデータブック2016』によると，日
本のNGOの9割は政府，国際機関，労働組合，大
学・研究機関，企業などの組織と連携（共通の目的
を持ち，協力して物事を行うこと）しながら活動を
進めており，企業との連携はCSRの推進とリンク
する形で，プロジェクトの実施や広報を中心に連携
が行われているという。これらは企業がNPOとの
連携を通してCSRを進めていることや，NGOと企
業の関係が対立する関係から協働する関係へとシフ
トしていること示唆している。

4 NGO の収入源

　NGOの収入源は，自己資金（賛同者からの寄付，
会費，自主収益事業で得られる資金）と非自己資金
がある。非自己資金は，受託事業収入（政府や民間
団体から委託された事業について支払われる資金）
と助成金収入（政府や民間財団から事業に対して交
付される資金）からなる。非自己資金は法人格を有
しないと申請できない場合もあるため，団体の活動
資金を集めるファンドレイジングなどを通した寄付
金の確保が重要な収入源になる。

　Story 1の国際環境NGOのグリーンピースは，
1971年に設立され，本部はオランダのアムステル
ダムにあり，約300万の個人のサポーターに支えら
れ，55カ国で環境保護活動している。その活動は，
環境破壊の現場での調査，科学的分析結果に基づい

Part III　社会から企業のあり方を考える

たレポートや代替案の作成，国連「**総合協議資格**」を利用して，国際会議での働きかけ，政府・企業に対して問題点と代替案の提案というステップを経て行う。なお，人々に問題を迅速に伝える時には，非暴力直接行動（相手の生命・身体を傷つけない範囲で，できるかぎり直接的な意思表示を行い，それによって話し合いや問題解決のきっかけをつくること）として，オンライン署名，デモやパレード，座り込みなどを行っている。このような活動の資金がすべて個人からの寄付金によるものであり，企業や政府による寄付および助成金を一切受けておらず，「非暴力的行動，政治的独立，財政的独立」という方針のもとに独立したキャンペーン活動を行っている。

　Story 2 のオックスファムは，1942年にイギリスで設立され，貧困を生み出す状況を変えるための活動を4万8千人以上のボランティアと339億円以上の募金（2013年3月時点）によって国際的に活動をしている。

　その活動には，支援活動（緊急人道支援，長期開発支援），政策提言（アドボカシー），キャンペーン・**アウトリーチ**などがある。活動資金はファンドレイジングを通し，個人および法人による寄付やオックスファム・ショップの運営などによって得ている。オックスファム・ジャパン（2018年9月に解散）の2017年度の年次報告書による収益の内訳をみると，会費・寄付金60.1％，事業収益26.7％，民間助成金13％で，主な収入源は会費及び寄付金である。

　オックスファムは活動の目的を「弱い立場に置か

総合協議資格（General Consultative Status）：
社会，人権などの諸問題解決を担当する国連機関の経済社会理事会に参加するNGOに対し，国連の活動に対する貢献度に応じて与えられる協議資格のうち最も貢献度の高いNGOに与えられる資格。1996年に上から順に総合協議資格，特殊協議資格，ロスターの3つのカテゴリーに分類される。協議資格を認められたNGOは国連が主催する会議への出席や発言，声明書提出の権利が与えられる。グリーンピース，オックスファム，国境なき医師団，セーブ・ザ・チルドレンなどの146のNGOが総合協議資格を有している（2013年3月時点）。

アウトリーチ（outreach）：
働きかけることや援助すること。手を伸ばすという意味の英語が派生した言葉で，援助が必要であるにもかかわらず，自発的に申し出をしない人々に対して，公共機関などが積極的に働きかけて支援の実現を目指すこと。

れた人々と，パートナー団体とともに貧困を生み出す不公正をなくすためにある」としていて，Story 2のユニリーバとの協働以外にも，帝人フロンティア社のオックスファム・ジャパン主催のファンドレイジング・イベントへの協賛，DHLサプライチェーン社のオックスファム・チャリティショップへの協力など様々な企業とパートナーシップを結び，掲げた課題の解決に取り組んでいる。

　個人寄付のみを活動資金として独自の活動を行うグリーンピースと企業による寄付，政府の助成金や個人寄付などを活動資金としてパートナー団体とともに活動を行うオックスファムの活動の性格の違いは，両者の収入源の違いから生じる側面もあるように思われる。

【参考文献】

NGOと企業の連携推進ネットワーク（https://www.janic.org/ngo_network/example/，2019年11月6日アクセス）

外務省・特定非営利活動法人国際協力NGOセンター（JANIC）『NGOデータブック2016 数字で見る日本のNGO』2016年3月

谷本寛治（2003）『SRI 社会的責任投資入門』日本経済新聞社

長坂寿久（2003）「企業の社会的責任（CSR）／社会的責任投資（SRI）とNGO」『季刊 国際貿易と投資』Autumn 2003/No. 53，5-40頁

Freeman, R. E (1984), *Strategic Management: A Stakeholder Approach*, Pitman.

Post, J. E., Lawrence, A. T. & Weber, J. (1999), *Business and Society: Corporate Strategy, Public Policy, Ethics*, Mc-Graw Hill Irwin

3-6

利益を追求しない会社はあるの？

Story 1

NPO フローレンスの病児保育事業
──社会起業家による事業創造の動機──

　昨夜，寝るときに元気だった子供が翌朝，熱を出してぐったりしている。通常，保育園は37.5度以上の熱を出すと，子供を預かってくれない。病状の変化に対応できる専門的な人材が必要であるし，他の子供に病気が移ることにも備えなければいけないからだ。幼い子供を抱える共働きの夫婦にとって，子供の病気は突然訪れることで，当日の仕事のスケジュール変更を伴うことも少なくない。そんなリスクに備えて，夫婦はどうすべきなのか。

　病児保育施設は，国や自治体から補助を受けた施設が全国にあるが，大都市に集中している。核家族化により病児保育のニーズは高いのに，サービスを提供できる施設は必ずしも増えていない。理由は経営の難しさである。全国病児保育協議会の調査では，2016年度に施設の78％は赤字経営であった。赤字の理由の大半は人件費の負担コストである。病児保育は当日朝まで利用者数が確定しない。にもかかわらず，必要な看護師や保育士を常に確保しておく必要があるからだ。固定的なコストとして人件費が重くのしかかるのである。

　このように社会にとって必要であるが，サービスが行き届いていない領域をどのようにカバーしていけばよいのか。政府財政が不足し，公的サービスは十分な体制を整備できていない。また，民間企業にとっても採算に載らない事業を手がけることは不可能である。そんなとき，社会的に意義ある事業を推進しようとする団体が現れた。NPO法人フローレンスである。代表の駒崎弘樹氏は大学生のときに，ITベンチャーを創業した経験をもち，その後，その会社を譲り渡して，病児保育事業に取り組んだ。

　病児保育事業には先に見た経営上のリスクがあるが，それをクリアするの

に，①月会費制の料金体系（病気が発生しない月にも負担してもらう共済型システム），②非施設型保育の導入等を行った。2005年4月より病児保育事業を開始して以来，順調に利用者が増加し，事業エリアも首都圏の周辺へ拡大してきている。また，杉並区をはじめ多くの自治体で，フローレンスの利用者に対して公的補助を付与する動きも増えてきている。さらに，2019年1月には，小児科クリニックと共同で，病児保育施設の運営に関わることになり，訪問型の事業だけでは捉えきれないニーズをつかもうとした。

　NPOの経営は社会的に意義があったとしても，継続的に良質なサービスを提供できる体制がなければ意味を持たない。その点でフローレンスは事業の展開地域を拡大させており，売上高も順調に拡大してきている。すなわち，サービスの内容が利用者から評価されて，サービスを提供するための人材の確保や育成にも成功しているのである。フローレンスでは，この病児保育を主要な事業基盤としながら，待機児童問題に対応する小規模保育事業の展開，障害児保育事業として「障害児保育園ヘレン」と「障害児訪問保育アニー」を展開するようになり，事業領域を拡大させている。また，2016年からは，赤ちゃんの養子縁組事業に取り組み始めた。家庭での養育が叶わない児童に対し，早い段階での養子縁組が普及する活動にも力を入れている。

　このように，児童福祉をめぐるさまざまな課題に取り組んできた経験をもとに，社会に対して政策提言を行う活動（アドボカシー）も行うようになった。政府や企業が手を出せないでいる社会の不足箇所がどのような原因から生じているのか，その根幹を正していくための活動に力を注ぐようになったのである。

参考：
駒崎弘樹（2011）『「社会を変える」を仕事にする』ちくま文庫
認定NPO法人フローレンス・ホームページ（http://www.florence.or.jp/, 2018年11月30日アクセス）

---

⑦ 考えてみよう！

Q1　共働きの夫婦は，子供の病気に普段からどう備えればよいのだろうか。
Q2　社会が求める公共サービスというものは，なぜ充足しないのであろうか。
Q3　NPOは，近年，なぜ存在感を高めるようになったのであろうか。

Part III　社会から企業のあり方を考える

Story 2

NPO フローレンスのアドボカシー活動
―ロビー活動による「休眠預金等活用法」の実現―

　NPO法人フローレンスは，病児保育事業を中心に，子育て支援に積極的に関わるなかで，ひとり親家庭や子供の貧困という問題に直面することが多くあった。厚生労働省の調査によると，母子家庭の平均年収は243万円（2016年度）で，20代のひとり親の約8割が貧困という状況といわれ，実は日本の貧困比率は世界のなかで突出して大きい実情に気づくようになった。

　代表の駒崎弘樹氏は，「これはなんとかしたい」と悩んでいたところ，韓国の休眠預金の仕組みを知る。韓国では若年失業率が高く，若者の貧困問題が社会問題として取り沙汰されていた。貧困対策として，福祉支援を目的に活用されているという「休眠口座基金」が設立されており，日本でも直ちに取り組むべきだと考えた。

　休眠預金とは，具体的には，お金の出し入れが10年以上ない銀行口座であり，預金者等が名乗りを上げないままとなっている休眠預金は，預金者への払戻額を差し引いても，毎年700億円程度にものぼっている（2014-16年度）。銀行に埋もれていたお金を社会福祉のために使用することは，誰も損しない，困っている人たちは助かる，預金者もお金は戻ってくる，国民全体として国民に返ってくるわけだから，駒崎氏は「これはイイ」と考えた。

　2000年代に入り，韓国や欧州で休眠預金に関する法の制定が相次ぐなか，日本でもいち早くその必要性を提起した駒崎氏は，2011年1月，日本における休眠口座基金の設立と活用プランを政府に提案した。その後，政権が民主党から自民党に変わるなかで，この提案は引き続き注目され，超党派での休眠預金活用推進議員連盟が2014年4月に発足し，議員立法での実現が目指されることになる。一方，民間側では駒崎氏の提唱で，休眠口座国民会議が経ちあげられ，NPO関係者のみならず，さまざまな立場の人たちが関わり，地域での課題解決の取り組んでいる人たちの意見を集約し，提案内容を深めながら訴えていった。

その結果，2017年12月に，「民間公益活動を促進するための休眠預金等に係る資金の活用に関する法律」（「休眠預金等活用法」）が公布された。2019年度中には，指定活用団体による資金分配団体の公募・決定がなされ，2019年秋頃に指定活用団体による資金分配団体に対する助成等関係業務が開始される見込みである。

フローレンスは，病児保育等の事業活動にのみ注力するのでなく，困っている人を生み出す仕組み自体を変えていかねばならないと考え，アドボカシー活動として，政策提言を重視した。駒崎氏は，彼自身のこのような政策提言活動を，「草の根ロビイスト」という名称を用いて表現しているが，政府の審議会等のメンバーを経験するなかで，次第に政策づくりの現場の「コツ」をつかみ，いわば「ゲームのルール」を学んでいくことになった。近年，待機児童問題が社会の関心となるなか，フローレンスの小規模認可保育「おうち保育園」の実現も，彼自身の草の根ロビー活動の経験が役に立ち，国の政策として結実した例である。

参考：
明智カイト（2015）『誰でもできるロビイング入門―社会を変える技術』光文社
「休眠預金活用法の成立に向けて～民間公益活動促進のための新たな制度」『公益法人』2016年10月号

---

⑦ 考えてみよう！

Q1　休眠預金の仕組みを説明せよ。
Q2　社会の不足箇所を埋めていくには，どんな行動が必要なのだろうか？
Q3　駒崎氏のような社会起業家を，どう育成したらよいのだろうか？

調べてみよう！

Q1　成功しているNPOを調べ，そのために必要となるマネジメントの条件を考えてみよう。
Q2　休眠預金や寄付金などが社会で有効に活用されるためには，なにが重要となるのか，調べよう。

Part III 社会から企業のあり方を考える

【解説】

1 非営利組織とは

　ストーリー編で紹介したフローレンスは，NPO法人（特定非営利活動法人）の形態をとる非営利組織である（2012年12月に「**認定NPO法人**」を取得）。非営利組織（Non-Profit Organization）とは，営利を目的とせず，さまざまな目的を達成するために結成された組織である。わが国ではNPOないしNPO法人を指すことが多いが，広義には，公益法人（社団法人や財団法人，学校法人，社会福祉法人，宗教法人，医療法人など）や共益団体（生協や農協などの協同組合，労働組合，経済団体）などを含めて理解されている。

　NPOと株式会社の最大の違いは，株式会社の場合は利益を株主に分配することができるのに対し，NPOは儲かったお金（余剰金）を関係者で分配することはできない。儲かったお金は地域のための事業に再投資していくというのがNPOの基本的ルールである（非分配制約という）。

　NPOという呼称は，アメリカの法制・税制に由来するため日本でも用いられるようになったが，ヨーロッパではNPOという用語が使用されることは必ずしも多くはない。イギリスでは，一般にボランタリー組織あるいはボランタリーコミュニティ組織などとよばれる。ヨーロッパでは，アメリカと異なり，協同組合などの組織は組合員の互助を図るものであって直接的に利潤を追求する組織ではないとして，一般に非営利組織に含めて考える場合が多い。また，NGO（Non-Governmental

認定NPO法人：
既にNPO法人になっている法人のうち，一定の要件を満たしたものを「認定特定非営利活動法人」と認定し，その認定NPO法人に対して税の支援措置を与えるものである。認定を受けるための条件（パブリックサポートテスト）は厳しく，2018年8月末時点で1,083法人である。

3-6 利益を追求しない会社はあるの？

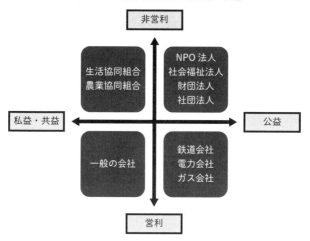

図表 3-6-1　非営利組織と営利企業の位置

出所）筆者作成

Organization）は，一般に国連憲章にもとづく協議資格をもって，主に国際畑で活躍する民間組織のことをいうが，現在では国家の枠組みを超えて国際的な活動を行っている民間の非営利組織のことを広くNGOと呼んでいる。地域社会を活動フィールドにするNPOに対して，国際社会で活動するのがNGOという区分である。

2　サードセクターの役割とその発達

今日，社会的問題の解決や社会的ニーズへの対応を行う主体として，政府行政（公共セクター）や営利企業（企業セクター）と並んで，「**サードセクター**」の重要性が世界的に注目されるようになった。サードセクターの主要な担い手として，非営利組織は1970年代頃から，市場の失敗や政府の失敗を補完するセクターとして，先進諸国を中心に活動が拡がり，その社会的・経済的役割が注目されるよ

サードセクター：
国際的には，サードセクターとは，NPO，市民団体その他の民間の非営利組織を指す。第1セクターが公共目的のために国や地方自治体，すなわち「官」が担うセクター，第2セクターが営利目的の企業，すなわち「私」が担うセクターである。

うになった。

　わが国においても1990年代頃より，非営利組織を指すNPOという用語が専門家の間で用いられるようになり，阪神・淡路大震災によりNPOの存在と役割が社会的にも認知されるようになった。1998年にはいわゆるNPO法（特定非営利活動促進法）が施行され，NPO法人は内閣府や都道府県から認証を受けて設立されるようになった。2018年にはNPO法人は全国で設立がおよそ5万団体に達し，増え続けている。主要な活動領域は，介護・福祉，青少年・生涯教育，まちづくり，環境保護などであり，社会的課題を対象としている。

　また近年，このような社会的課題を，ビジネスとして事業性を確保しながら解決しようとする**ソーシャル・ビジネス**も注目されつつある。これまでも，障害者雇用を積極的に行う企業が存在するなど，こうした活動は営まれてきているが，さまざまな社会的課題に対し，より積極的に事業性を確保しながら解決しようとする主体が登場している。ソーシャル・ビジネスは，「社会起業家」によって推進され，その場合，組織の形態はNPO法人や株式会社，中間法人（協同組合など）など多様なスタイルが想定されている。

ソーシャル・ビジネス：
経済産業省の「ソーシャル・ビジネス推進研究会」での定義は，「社会的課題（高齢化問題，環境問題，次世代育成など）を市場としてとらえ，その解決を目的とする事業。「社会性」「事業性」「革新性」の3つをその要件とする」としている。

3　ソーシャル・ビジネスへの期待と課題

　ソーシャル・ビジネスの発展を考える上で，NPO法人の課題を指摘すると，わが国ではNPO法人の数こそ拡大しているが，その実態は会員数や寄付額は少なく，一般に運営は厳しい状況にあるといわれる。2011年6月には，認定NPO法人への寄

付に対する税額控除の拡大が決まり，NPOへの寄付の広がりも期待されるようになったが，大半のNPO法人はそのような税制上のメリットを享受していないのが実情である。

　日本でNPOを含めたソーシャル・ビジネスが発展していくための課題のひとつは，資金が流れる仕組みづくりである。2011年の東日本大震災以降，多くの寄付金の需要はあるにもかかわらず，NPO法人への支援金については，提供先に迷う企業や個人は少なくない。信頼できる活動団体を見きわめてくれるようなNPO評価機関のようなものがあれば，資金を出す側のひとつの目安ともなる。すなわち，資金提供の窓口となったり，信頼できる活動団体を見極めて資金を配分したり，さらにその効果測定まで行うような中間支援組織が必要である。

　こうしたなか，2016年4月に，一般社団法人・非営利組織評価センターが設立され，NPO活動に関する情報公開の推進や評価・認証を行うことになった。休眠預金が実際に活用される上でこうしたチェック機能が強化されていくことも必要となる。欧米では，第三者である評価機関がNPO等の団体の運営状況を評価認証し，結果を公開する動きはすでにある。日本におけるNPOを取り巻く環境整備はなお途上の段階にあるが，NPOの側もさらにガバナンス面の整備を要請され，NPO自身の広報活動や情報開示の重要性が増していくと考えられる。また，支援制度の整備だけではなく，たとえば社会起業家を社会全体でどのように育んでいくかという，広い意味での人材育成も社会の大きな課題であるといえよう。

Part III　社会から企業のあり方を考える

4　アドボカシー活動の実現のために

フローレンスの駒崎氏は，社会の不足を埋める
サービスを提供する事業を営む中で，次第にその不
足を生み出している根元の問題を是正していく必要
性を意識するようになった。そのため，現状の法制
がうまく機能していない領域での問題提起や，必要
性を感じる政策の実現のために法制を作り出すため
の活動に力を注ぐようになった。このような政策提
言活動や課題広報活動を**アドボカシー**活動と呼んで
いるが，とくに政策提言に当たる活動は，一般には
ロビー活動ないしロビイングと呼ばれる。国の政策
として実現するには，政策過程を理解し，多方面の
人たちへの働きかけが必要になることはいうまでも
ない。駒崎氏は，まずNPOの人たちの賛同を得て
いく活動に力を入れ，次いで国会議員へのロビー活
動という手順を踏み，**議員立法**という形を活用して
政策の実現に努力した。結果，この間，10年弱の
年数を要することになったが，見事，2017年末に
休眠預金等活用法として成立し，実施へと結実し
た。

ロビー活動は，これまで日本においては，経済団
体や業界団体等の圧力団体が自分たちの利益を図る
目的で行われる政治活動として理解されることが多
かった。駒崎氏は，社会の弱者やマイノリティを守
るための「草の根ロビイスト」として活動を開始し
たが，このようなアドボカシー活動が日本において
普及していく契機となっていくはずである。実際の
政策過程への働きかけへの習熟が，社会をよりよい
方向へ変えていくための強力な手段になり得るもの
であろう。

アドボカシー（advocacy）：
市民が政策提言を行なうこと，
ないしその活動を指す。本来的
な意味は「擁護」や「支持」な
どの言葉であるが，日本では近
年，「政策提言」や「権利擁護」
の意味で用いられるようになっ
ている。

ロビー活動（lobbying）：
特定の主張を有する個人または
団体が政府の政策に影響を及ぼ
すことを目的として行う私的な
政治活動のこと。語源は，アメ
リカのホテルのロビーでくつろ
ぐ大統領に陳述を行ったのがロ
ビー活動の始まりと言われ，語
源もこれに由来する。

議員立法：
議員の発議により成立した法律
の俗称である。法律上の制度で
は，衆議院では20名以上，参
議院では10名以上の賛成がな
いと提案することができない。
さらに予算を伴う場合はそれぞ
れ50名，20名以上の賛成が必
要となる（国会法56条）。

欧米においては，ロビー活動は広く認知されているが，専門知識を豊富に持つ側が，議員や官僚に対し，ロビイストを通じて情報提供を行うことは望ましいもので必要不可欠であるとの見方があるようである。また近年は，企業経営にかかわるグローバルなレベルでのルール作りが必要とされる領域が拡大しており，企業から見ると，ルール策定過程に参画すべき必要性は強く意識されるようになり，ロビー活動の推進に力を入れるようになっている。

本章で眺めてきたように，NPOやソーシャル・ビジネスの役割は，地域課題の解決を志向したり，相互扶助的に困った人を支援することにあるが，そのような事態がどのような原因で生じているかを改めて考え，それを改善していく意識も必要なことである。現場での実情を知る立場から，行動する心がけが大事であることを駒崎氏の活動は教えてくれるものであるといえよう。

【参考文献】

佐久間信夫編（2016）『よくわかる企業論［第2版］』ミネルヴァ書房

谷本寛治編（2015）『ソーシャル・ビジネス・ベンチャー──少子高齢化時代のソーシャル・イノベーション』中央経済社

藤井敏彦（2012）『競争戦略としてのグローバルルール』東洋経済新報社

3-7

BOP ビジネスとは？

Story 1

低所得地域への商品販売
── ダノン・グラミンと味の素の工夫 ──

　ダノン（フランス企業），味の素（日本企業）は，世界的に有名な先進国の多国籍企業である。これらの企業は，今，新興国へビジネスを広げている。

　ダノンは，日本では，「プチダノン」のヨーグルトでなじみ深い企業である。そのダノンは2006年よりアジア最貧国といわれるバングラデシュでヨーグルト事業を始めている。ダノンは，「食べ物を通して1人でも多くの健康に貢献すること」という社是に基づいてバングラデシュの貧しい人々にヨーグルトを提供しているのである。

　実は，これはダノンの一般的なビジネス形態とは異なっていた。バングラデシュのグラミン銀行との折半出資によって設立された「グラミン・ダノン」によってヨーグルト事業が行われているのである。グラミン銀行とは，2006年にノーベル平和賞を受賞したムハマド・ユヌス氏によって創設された銀行であり，その特徴は，貧困者向けに無担保で少額融資（マイクロファイナンス）を行っていることである。一般的に，貧困者は担保にする資産を有していないため，お金を借りることができず，そのため自立するためのビジネスを始めることができなかった。ヨーグルト生産のために現地の酪農家は牛を飼って牛乳を売って所得を得る。乳牛の価格は1頭約5万円にもなるが，酪農家は牛乳を継続してグラミン・ダノンに買い取ってもらえるので，乳牛は重要な経営資産となる。できたヨーグルトは，販売員がそれぞれ仕入れ，ヨーグルトを売り歩き，収入を得る。ヨーグルトの価格は，1カップ60グラムで約8円に設定されている。さらに，このグラミン・ダノンでは，ヨーグルト事業で得た利益を株主などへの配当に回すことはせず，現地の新規事業に再投資する。それによっ

て，新たな雇用が生み出される。また所得を得るようになった人々は経済的または精神的に自立を始めることで，ダノンはより多くダノン製品を購入してもらう機会が生まれるのである。

　味の素もまた，例えばインドやナイジェリア，インドネシア，タイ，フィリピンといった新興国で製品「味の素」を販売している。しかし，それは日本で見かける製品「味の素」とはある点で異なる。それは，1パックの内容量が3グラム程度に小分けされていることである。味の素は，新興国における貧困層の消費者がワンコインで製品「味の素」買えるようにと，1パック約2〜3円で提供している。味の素は，1909年に日本で製品「味の素」の販売を始めたが，当時，日本の栄養状態は良いとはいえず，「うま味」を発見した池田菊苗博士が食べ物をおいしくする調味料を作ることで，栄養の摂取を増やそうと考えた。味の素は，「佳良にして廉価なる調味料を造り出し滋養に富める粗食を美味ならしむること」という社是を基に，現在でも新興国には栄養不足の人々がたくさんいるため，製品「味の素」を毎日使ってもらい栄養摂取を増やし，栄養状態を改善できるように，小分けにして低価格で販売しているのである。

参考：『日経ビジネス』2009年12月21-28日年末合併号，日経BP社，1, 24, 28-31頁

---

⑦ **考えてみよう！**

Q1　なぜ先進国の多国籍企業が，貧困層の消費者をターゲットにするのか。

Q2　企業の利益追求からすれば，より裕福な市場を狙った方が儲かるのではないか。

Q3　なぜこれまで進出していなかった国に今，進出するようになったのか。

Part III　社会から企業のあり方を考える

Story 2

先端技術を途上国に移転
──命を救う商品を広げる・住友化学──

　新興国や発展途上国の中には，蚊を媒介にしたマラリアに感染し，命を落とす人が少なくなく社会問題となっている。2016年には世界で約2億人が発症し，約44万人が亡くなったとも言われ，その多くが5歳以下の子供であった。その90％がアフリカ地域であった。

　蚊は人が寝ている隙にも襲ってくる。寝ている間の蚊よけ対策としては，蚊帳が有名である。住友化学は，化学メーカーとして自社が持つポリエチレンと防虫剤の技術を使って，防虫剤が練り込まれた蚊帳を開発した。もともとは工場の網戸用に開発されたものであったが，これをマラリアに苦しむ人々へ使えないかと考え，防虫剤処理蚊帳「オリセットネット」を生み出した。それまでも防虫効果のある蚊帳は存在していたが，洗濯すると防虫効果がなくなったり，破れたりしてしまい，十分な効果と強度があるものはなかった。オリセットネットは5年程度の防虫効果を有するため，そうした地域におけるマラリア感染リスクの低下が期待できる。

　このオリセットネットが生産されている工場は，アフリカのタンザニアにある。マラリアがもっとも社会問題となっているアフリカで現地生産することによって，輸入するよりも安く供給することができるとともに現地の経済発展にも繋がる。住友化学はタンザニアにある企業（AtoZ社）と2005年に合弁会社ベクターヘルス社を設立した。このとき住友化学はオリセットネット生産に関わる基盤技術，設備技術，製造管理技術を現地工場に無償で供与し，安定した品質と生産性を実現した。そしてタンザニアに7,000人の雇用を生み，年間3,000万張りものオリセットネットを生産している。生産されたオリセットネットは近隣の国々へも輸出される。

　社会問題という視点から，一般的に発展途上国には労働力はあっても仕事がないといえる。それは，人材の教育水準の低さや技術力が低いことから，地元の企業の数が少なく，よって人を大勢雇う工場もない。むろん，農業などの一

次産業に仕事はあるが，自分たちが食べる以上に農作物を生産して加工して販売し，収入を得るとなれば，財務管理，労務管理，生産管理等，マネジメント能力をもった企業や組織が必要となってくる。このような点を理解すれば，住友化学がタンザニアの何もない更地に工場を建設し，継続的な7,000人の雇用を生み出し，彼らに生産技術を教え，毎年3,000万張りのオリセットネットを販売することで，いまでは町のように発展していると考えれば，地元への大きな貢献度がわかるだろう。

　オリセットネットは，2001年に世界保健機関（WHO）によってその防虫効果が認められ，使用が推奨されるようになり，80以上の国々に供給されている。その供給にはユニセフやNGO，途上国政府などが携わっている。蚊帳として寝るときに使うだけでなく，家の入り口や窓にカーテンのようにオリセットネットを張り，蚊の侵入を防ぐ使い方も多く見られる。

　さらに，住友化学はオリセットネット事業で得られた収益をタンザニアやケニア，ガーナなどの12カ国で小中学校の校舎建設や子供の教育などにも出資しており，もうひとつの大きな社会問題である貧困の解決にも貢献している。

参考：
伊藤高明・奥野武（2006）「マラリア防除用資材オリセットネットの開発」『住友化学』2006-Ⅱ
　　（https://www.sumitomo-chem.co.jp/rd/report/files/docs/20060200_xff.pdf，2018年11月
　　12日アクセス）
住友化学ホームページ「オリセットネットを通じた支援」（https://www.sumitomo-chem.co.jp/
　　sustainability/society/region/olysetnet/，2018年11月12日アクセス）

---

⑦ 考えてみよう！

Q1　もしオリセットネットを日本で生産してアフリカに輸出した場合は品質と価格はどうなるだろうか。

Q2　住友化学はほとんど利益がなく，倒産してしまわないのか。

---

⑦ 調べてみよう！

Q1　他のBOPビジネス事例を調べてみよう。

Q2　BOPビジネスに伴う問題はどのようなものだろうか。補助金の有無などもその一つの課題ではあろう。

Part III 社会から企業のあり方を考える

【解説】

1 BOPビジネス

　世界の人口は，2011年10月末に70億人を超えたといわれる。**BOP**とは，Bottom (or Base) of the Pyramidの略である。すなわち世界70億人の「所得階層を構成する経済ピラミッド」の底辺に位置する貧困層の人々を指す。BOPビジネスとは，そのBOPを対象にしたビジネスのことであるが，強調されることは，BOPの人々を搾取するのではなく，ビジネスを通じて現地の貧困等の社会問題を解決しようとするものである。従来，BOP市場は多国籍企業にとってビジネスの対象として見られていなかった。なぜならば，BOP市場への商品の流通が困難なことだけでなく，極めてわずかな所得しか持ち得ない貧困層の人々は十分な購買力がなく，企業にとっては消費者としての魅力がなかったからである。しかし，近年，先進国の多国籍企業がBOP市場に商品を供給し始めている。その理由を次節以降で説明する。

BOP（Bottom (or Base) of the Pyramid）：
世界に約40億人いるといわれる1日2ドル未満で暮らす人々のこと。様々な社会問題を抱えている。

図表3-7-1　世界の所得ピラミッド

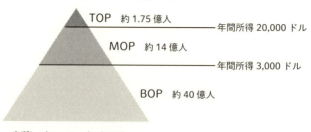

出所）プラハラード（2005）

2 市場規模

　日本や欧米の経済成長率が鈍化する一方で，新興国の経済成長は著しい。例えば，2009年から2010年のGDPの成長率を見てみる。GDP成長率とは，理解のために大雑把にいえば，いわば1年間に国全体で所得がどの程度増えたかに近い。日本や欧米の成長率がせいぜい3〜4％であるのに対して，インド27.3％，インドネシア31.0％，タイ20.9％，フィリピン17.2％といった高成長を示している。このような新興国の経済発展とともに，高い購買力をもった消費者が一部現れている。

　だが，より注目されることは人口である。日本の人口は約1億2,000万人で世界10位の規模を持つ。米国は約3億1,000万人で同3位である。しかし，例えば，インドは約12億人であり同2位，インドネシアは約2億3,000万人で同4位，バングラデシュは1億6,000万人で同7位，フィリピンは9,200万人で同12位などである。またアフリカ全体では約12億人いるとされる。さらに，注目すべきことは，人口の平均伸び率である。2005年から2010年までの人口伸び率をみると，日本はマイナス0.06％，米国は0.97％であるのに対して，インド1.46％，インドネシア1.20％，バングラデシュ1.45％，フィリピン1.85％などと，これらの国は軒並み人口が高い割合で増加している（国際貿易投資研究所 2011）。すなわち，これら新興国には，一部の高い購買力を持つ消費者が出現しただけでなく，先進国よりも多くの潜在的な消費者がおり，さらに若年層が多数いることは将来的な消費と市場の拡大が期待されているのである。

Part III 社会から企業のあり方を考える

3 国際競争と先発者優位

　多国籍企業はグローバル競争が激化している中で，新興国や発展途上国市場を開拓したいと考えている。BOP市場の消費者たちは，これまでになかった先進国企業の製品を初めて手にすることになる。最初に参入しようとする先発企業は，BOP市場の消費者に企業名や製品名，または味や効能，使い方などを浸透させることに苦労するが，いったん現地消費者に受け入れられれば，商品や企業への信頼と忠誠心を巨大市場で獲得することができる。これを**先発者優位**という。その後，他社が追従しようとしても市場を奪い取ることは容易ではなく，先発者は参入障壁を高く維持できる。したがって，企業はいち早く未開拓市場に参入し，認知度を高めて，ブランドを確立することが効果的な戦略となる。

先発者優位（First Mover Advantage）：
新規市場を創造した企業がその市場で競争優位性を有すること。

　BOP市場を開拓するためには，次の3点が重要なポイントとなる。

① 手頃な値段（Affordability）：使いきりパックであろうと，目新しい購入方法であろうと，大事なことは，品質や効能を損なうことなく手頃な値段で入手できること。

② 製品・サービスへのアクセス（Access）：製品やサービスの販売パターンを，貧困層の居住地域や労働形態に合わせる必要がある。BOP消費者のほとんどは，一日中働いてからでないと，その日に必要なものを購入するための現金を手に入れられない。

③ 入手のしやすさ（Availability）：BOP市場の消費者は，「そのとき手元に現金がいくらあるか」で購入を決定することが多い。買うと

決めたら延期することはない。入手のしやすさ，それに伴う効率的な販売網が，BOPの消費者を相手にする上で，重大な要素となる。

4　CSR と BOP ビジネス

　1990年代は，企業による情報漏洩や表示偽装などが発覚し，いかに企業倫理を制度化するかという点が強調されたが，2000年頃からは企業がいかに積極的に社会的問題を解決するかという，いわば公共政策的な役割が強調されるようになった。そうした企業が社会に対して果たすべき責任を **CSR（企業の社会的責任）** と呼ぶ。特に，国際社会に強い影響力をもつグローバル企業は，国際社会から良き企業市民としての貢献が期待されている。もしそうでなければ，消費者からの企業評価は下がり不買運動などにも繋がり，投資家からの評価が下がれば株価が下がり，さらには従業員の離職増加や新入社員の採用困難などにも影響する。

　BOPビジネスは，世界中のBOP層に根強く残る社会問題，とりわけ貧困問題を，政府でもなくNGOでもなく，企業のビジネスを通じて解消しようとするものであり，企業のCSR活動のひとつとみなされる。ただし，ここで重要なことは，企業はBOPの人々に単に先進国の優れた製品を手頃な価格で売ることではない。もちろん先進国企業の製品は，彼らの生活をより豊かなものにしてくれる可能性は高い（例えばオリセットネットが供給されることにより，マラリア感染が低下することは社会問題解決になる）。しかし，貧困問題は流通している商

CSR（Corporate Social Responsibility）：
企業の社会的責任。企業が事業活動において利益を優先するだけでなく，顧客，株主，従業員，取引先のみならず，地域社会などへ果たすべき社会的責任のこと。

Part III 社会から企業のあり方を考える

品の質が悪いとか数が行き届いていないから起こっているのではない。彼らに仕事の機会を提供し技術を学ばせ，所得が得られ自立させることが肝要である。そして，彼らがその所得で必要な商品を購入したり，サービス（例えば学校教育など）を受けられるようになることで，生活水準が向上して貧困から逃れられるようになると考えられている。

5　現地生産と FDI

　企業は，新商品開発のための研究開発，原材料や部品などの調達，そして工場などでの生産，商品の輸送などのロジスティクス，さらに販売やマーケティング，販売後の顧客サービスなど一連の活動によって成り立っている。この一連の活動をバリュー・チェーン（価値連鎖）と呼ぶ。企業は，このバリュー・チェーンにおけるコストを考えながら，海外にも広げて，世界適材適所でビジネス活動を行っているのである。

　研究開発は特に高い技術力や知識が必要であるため先進国に留められるが，他方，生産工場については多くの労働力と広い土地が必要なこと，作業が比較的単純であること，さらに海外で販売する場合には輸出の際の輸送コストや関税がかかることから，コスト的に抑えられる海外に置かれることが多い。以前は労働力が豊富で賃金も安く国土も広い中国への工場建設が相次いだ。近年は，中国の賃金上昇などからベトナムやタイなども選ばれている。特に縫製業については，機械製品などと比較して簡単であることから，より賃金水準の低い発展途上国バングラデシュやミャンマーなどが選ばれている。

企業が海外に工場を建設すること，すなわち海外子会社を設立するために投資することを**海外直接投資（FDI）**と呼ぶ。

かつては，企業が国内労働力の代わりに発展途上国の労働者を安い賃金と劣悪な環境下で雇い，作業をさせることに搾取だとの批判を浴びることも度々あった。近年では，CSR意識の高まりやインターネットSNSの普及などもあって，社会的・道徳的に反したことは減少していると言われる。

先進国企業が発展途上国に海外直接投資を行い，工場が建設されると，現地の周辺住民に仕事が生まれる。雇用された従業員には，発展途上国にはそれまでなかったような先進国企業の技術が教えられ，マネジメント（経営管理手法）といった知識も教えられる。従業員の能力が高まれば，歩留まりも上がり工場の生産性も向上する。生産された製品が現地または世界中で売れれば，注文が入り従業員は働き続けられ，安定的な給料が得られる。そして工場の周りには何千人という安定的な給与を得られるようになった人が生まれる。豊かになった何千人の親は子に教育を受けさせられるようになる。教育を受けた子の中には，企業への恩義から親と同じ工場に就職するという話もよく聞く。このように発展途上国で現地生産することには，企業側のただ安く生産するためという理由の他にも現地に雇用を生み出し，貧困削減に繋がるという理由もあるのである。

海外直接投資（FDI：Foreign Direct Investment）： 企業が海外に子会社設立のために投資を行うこと。M&Aによる既存企業の買収も含まれる。主に子会社の役割は生産工場であることが多いが，近年は研究開発拠点を置くことも増えている。

【参考文献】
国際貿易投資研究所（2011）「国際比較統計」
Prahalad, C. K. (2005), *The Fortune At The Bottom Of The Pyramid*, Wharton School Publishing
　（スカイライト・コンサルティング訳『ネクスト・マーケット』英治出版，2005 年）

Part III 社会から企業のあり方を考える

本を読む 4

CSR 部門で働くビジネスマンが
社会のためにできること

『理想主義者として働く～真に「倫理的」な企業を求めて』
（クリスティーン・ベイダー著，英治出版，2016 年）

原著 *The Evolution of a Corporate Idealist: When Girl Meets Oil*（Bibliomotion, 2014）

【ここに注目！】

　理想主義者と聞いて，どのような人を思い浮かべますか？　理想ばかり追求していて現実を見ていない人でしょうか？　著者であるクリスティーン・ベイダーは，大手石油会社 BP で CSR の業務に携り，のちに国連で「ビジネスと人権」をめぐる議案の策定に関わった女性です。近年，アメリカの経営大学院では，社会に対してある種の理想を追求するために NGO などの非営利組織で働く道を選ぶ学生が増えています。しかし，彼女は，あえて営利組織である「企業」のなかで「理想」を意識し，それを追求する働き方に意義を見出しました。企業を真に「倫理的」で，正しい事業活動に導くために必要なこととはなんでしょうか。そして，企業のなかで，「個人」は，どのように行動するべきなのでしょうか。

【リーディングポイント！】

① 企業の「正しいビジネス」とは？　大手石油会社の具体的な対応事例から考えてみよう。
② CSR 部門の仕事内容やそこで働く人々の考え方・心構えを知ろう。
③ 企業は人権の尊重責任に対してどのように対応すべきだろうか。
④ 多国籍企業への規制のあり方について，国連などの対応状況をふま

えて考えてみよう。

1　企業で働くということ

　世の中を良くするために，自分はなにができるのか。政治家，官僚，ジャーナリスト，教育者，NGO活動家など思い浮かぶ職業は少なくはない。でも大部分の人が従事する民間企業でできることはないのだろうか。企業はしばしば問題を起こす主体ではあるが，企業が抱えている資源と人材には大きな力がある。企業には製品やサービスの提供を通じて我々の生活の利便性を増すポジティブな作用がある。また，企業が正しい事業活動を推進することで，社会に対するネガティブな影響は減じられるはずである。つまり，企業の内側で理想を追求することは，かなり意味のあることではないのか。

　クリスティーン・ベイダーは，イェール大学のMBAコースで，大手石油会社BPの経営者ブラウンの講演を聞いて，それまで描いていたキャリアの考え方を修正した。そして，BPでのインターンシップを選び，ますますBPに恋い焦がれ，意外なことに，企業で働く道を選択することになったのである。

　BPを含め，大手石油会社はそれまで開発地域や操業地域においてしばしば問題を起こす企業群とみなされていた。人権侵害に加担したり，環境破壊を引き起こす主体として，国際的NGOのターゲットになる存在でもあった。しかし，企業の内側におけるロジックを理解し，働きかけることで，企業が社会に及ぼす影響をよい方向に仕向けることも可能なはずである。

　彼女のような考え方をする人間たちを「企業内理想主義者」と呼んだ。すなわち，企業のCSR部門で働いたり，サステナビリティを推進する業務に関わる人びとの役割は，企業行動を外部から正す役割を担うNGOのような組織の役割と同じか，もしくはそれ以上にインパクトを

Part III 社会から企業のあり方を考える

与えられる可能性をもつ仕事ではないかと考えたのである。その企業内理想主義者とは，どのような人たちなのか。この本では，CSRやサステナビリティに関わる部門で働いている人々に取材した内容を詳しく紹介している。そこからは，ビジネスが本来持っている力，あるいは持つべき力を，われわれに気づかせようとする。

2　BPでの人権に関わる業務

　入社後，BPが最初に彼女に与えた仕事は，インドネシアへの赴任だった。同国東に位置するパプア州において液化天然ガス（LNG）のプラント建設をすすめており，建設予定地に住む住民を移転させる必要があったほか，大気汚染の問題などへの対応が必要だった。ベイダーはBPの事業が現地の住民の生活に及ぼす影響について，人権インパクトの評価を担当することになった。地域住民との協議を重ね，移住先での家屋の建設なども住民が納得する形で対処し，それまで世界各地で当たり前のように起きていた，暴力を伴う衝突などはこの地では存在しなかった。結果として，優れた移住実施計画を立案し，その目的を達成できたのである。

　一方で，難しい決定を強いられたのが，インドネシア軍部との関係だった。人権インパクト評価を企業外部の人たちに依頼したところ，報告書には軍部のことが人権侵害で非難されている事情にふれながら悪く書かれていた。企業の立場は，現地社会で大きな影響力を持つ存在であるが，軍部の批判ともなる文書の公表をどうすべきなのか？　ベイダーは，自分たちが実際に抱えているリスク評価を積極的に開示することで，株主への責任を負うことができると考えたが，一方で，弁護士たちは重大なリスクを認識していながらプロジェクトを進めた証拠となってしまうことの懸念を表明した。結局のところ，「正しいビジネス」のために奔走するベイダーらの立場は妥協を強いられることになり，報告書

本を読む 4　CSR 部門で働くビジネスマンが社会のためにできること

は全文が公開されず，ほんの数ページの要約版のみが公表されることになってしまった。

　インドネシアの次には，中国のシノペック（中国石油工業団）との合弁事業において地域社会との関係づくりや労働環境の整備を進め，3年の時を過ごした。この仕事は，合弁事業での中国側の理解を得なければならず，BP社内ではごく簡単に通じる考え方を，中国人スタッフに受け入れてもらうことに腐心した。たとえば，操業上の惨事を引き起こした際に，それを隠し通せる社会に属す人たちに，情報開示の必要性を理解させることに努力を要することになった。幸いなことに，施設の建設中は，工事現場における死亡事故は起きず，また建設労働者の寮は安全な環境が保たれ，地元の役人や地域コミュニティと良好な関係も築いたとする社会的インパクト評価の結果を得られた。

　その後，いよいよBPのロンドン本社に異動を命じられる。BP社内では，メインストリームの業務といわれる売上管理や財務分析に携わる仕事を与えられ，周囲からもその任務を続けることを薦められたが，彼女は引き続き，BPの事業における人権の課題を追求する業務に希望して就く。彼女は晴れて表計算ソフトの「エクセル」から解放されて，「ワード」で文書を作成する仕事にどっぷりと浸かることになる。

　彼女は，中国で建設労働者の安全基準の作成に携わったり，インドネシアで地域住民を含めた協議を中心に物事を進める経験を積んだことで，BPが世界各地で共通に抱えている課題にどう対応すべきかについて，グローバルな指針を策定すべき時期が来たと感じていた。そのために，同僚や外部から招いた人権問題の専門家とともにワークショップを開催し，多くの事例を検討しながら，BPのスタッフがとるべき行動の優先順位を明確化させようとした。そして，2006年，人権問題に関するBPの指針を示す文書を発表することができた。

　このころ，人権に対する企業の責任をどのように捉えるかについて，

Part III　社会から企業のあり方を考える

世界的な議論がハーバード大学教授ジョン・ラギーを中心に展開し始めていた。ラギーは2005年，国連事務総長のコフィ・アナンから指名され，企業が人権に関して持つべき基準を特定する任務を請け負っていた。ラギーは，さまざまな関係者に聞き取り調査に出向き，BPでもインドネシア，中国，コロンビアなどでの経験について詳細なインタビューを行った。

　ベイダーは，ふとラギーにはスタッフが与えられておらず，国連からの予算が最低限であることを思い出し，よかったら無償のお手伝いをさせてもらえないだろうかとメールした。そして，2006年4月，ラギーのもとで非常勤スタッフとして働くことになった。BPでの仕事はロンドンでの勤務から，ニューヨークでの勤務を希望し，それが実現したことで，ラギーのために費やす時間がどんどん増えていった。

3　正しいビジネスをめぐる国連での仕事

　ベイダーがニューヨークでの勤務を始めたころ，ロンドンでは経営体制をめぐる大きな変化が訪れた。CEOのブラウンは，自身の性的指向についてマスコミに暴露されたことがきっかけとなって，辞任に追い込まれたのである。そして後任としてCEOとなったヘイワードは，ブラウンの考えを踏襲せず，株主のために価値を創出する企業の本分を強調する考えを前面に打ち出した。経営体制をめぐる方針の変化は，ベイダー個人の仕事に影響を及ぼすことになる。新体制のBPは，彼女が入社した当時のBPとはまったく異なるものなってしまったと感じた。そして，2008年秋，10年間勤めたBPを辞め，ラギーのもとで正規のスタッフとして働きはじめた。

　ラギーは，企業の人権尊重責任についての考え方をまとめるにあたり，多くの国の実情を視察するとともに，企業が納得できるフレームワークの構築を長く模索した。とりわけ，企業が取引する仕入先や提携

本を読む 4　CSR 部門で働くビジネスマンが社会のためにできること

先の企業に対してどの程度まで影響力を行使することができるかという課題が重要なテーマだった。そして，2008年，「保護・尊重・救済：ビジネスと人権に関するフレームワーク」という報告書を発表した。そこで，人権に対する国家と企業の責任を明確化し，あわせて救済のスキームのあり方を定めた。このフレームワークは多くの関係者によって歓迎され，企業サイドも次第にこのフレームワークを受け入れるようになっていった。ビジネス界の窓口役としてのベイダーもその役割を全うしたが，企業の理解が進むにつれて自身の役割とその重要性が薄れていくことにもなる。

　2011年には国連人権理事会によってこのフレームワークが「ビジネスと人権に関する指導原則」として採択され，同指導原則は，各国において行動計画が推進され，企業も原則に沿った対応に留意するようになった。「チーム・ラギー」のメンバーは，その後，それぞれ別の道を歩んでいったが，ベイダーは企業と国連での仕事の経験から，次にどのような仕事に進むべきか，しばらくの間，目標が定まらずにいた。国連の仕事もしばらくは良かったのだが，独特の官僚主義的な仕事の進め方に馴染むことができずにいた。そうかといって，NGOの活動家の仕事は情熱にあふれているものの，実用的な視野に欠け，ネガティブなものに映った。彼女は，企業での経験を通じて，それらよりも「どんなことが可能か」について想像をふくらませ，それを実現したいと考えていた。

　2015年8月，彼女はアマゾン社の社会的責任担当ディレクターに就任することになった。提携先企業を含めた過酷な労働実態や地域コミュニティへの貢献不足など，さまざまな批判を受けていた同社において，企業内理想主義者としての任務を追求することにしたのである。

Part III　社会から企業のあり方を考える

書を読んだら…まちに出よう！
―美術館編―

大原美術館とベネッセアートサイト直島〜倉敷，そして直島に行こう

　大原美術館は，倉敷紡績（現・東証1部）の経営者だった大原孫三郎が，洋画家児島虎次郎をヨーロッパに派遣して収集した美術品を展示するため，1930年に開館された。西洋美術を展示する日本で最初の美術館である。エル・グレコの「受胎告知」が有名。

　ベネッセアートサイト直島は，1980年代，瀬戸内海に位置する直島の風光明媚な地区を，文化的な観光地にしようと，ベネッセコーポレーション創業者・福武哲彦と当時の町長が意気投合したことが開設のきっかけとなった。地域住民参加という手法を取りながら，現代アートに関するプロジェクトを積極的に推進している。

ニューヨーク近代美術館（MoMA）〜ニューヨークに行こう

　MoMAは，20世紀以降の現代美術の発展に多大な貢献をしてきた。スペイン内戦中の無差別爆撃を描いたピカソの「ゲルニカ」は長らくMoMAに保管され，民主化後のスペインに返還されるなど，複雑な要請にも対処してきた。

　日本企業による文化支援の関係では，毎週金曜夕刻からの入場料は無料となっているが，この企画のスポンサーは2013年よりユニクロ（ファーストリテイリング社）が行っている。またアパレル本業として，「服とアートが出会う場所」をコンセプトとしたMoMAとの協業事業「SPRZ NY」を展開中である。

ムンク美術館〜ノルウェー・オスロに行こう

　ムンク美術館は，ムンクの生誕100周年を記念し，1963年に開設された。2004年，代表作である「叫び」と「マドンナ」が盗難にあい，2006年になって警察により回収されたが，絵は酷くダメージをうけていた。

　ノルウェーで石油開発を行ってきた出光興産（出光昭和シェル）は，1991年より同美術館へ支援活動を続けており，事件後には絵画の修復作業をサポートした。同社の現地法人で働くノルウェー人にとっても喜ばしいことのようである。ムンク美術館は，オスロの新しい文化の中心地，ウォーターフロント地区に2020年に移転を予定している。

索　引

事　項

【アルファベット】

AWS　*42-43, 48-49*

BOP　*190*

C.A.F.E. プラクティス　*154*

CSR（企業の社会的責任）　*164, 193, 196*

　　──ブーム　*159*

　　──元年　*159*

CSV　*163*

EC　*40-43*

EICC　*161*

ESG 指数　*152*

ESG 報告　*150*

GDP 成長率　*191*

GE　*3, 9*

GM　*2, 8-10*

ILO 宣言　*162*

IoT　*47*

MBA　*10*

NGO　*164, 180-181, 196-197*

NIMBY　*85*

NPO　*168, 180*

　　──評価機関　*183*

　　──法人　*176, 178*

PRI　*151*

RBA　*161*

SDGs（Sustainable Develop-ment Goals）
　172

　　──の 17 目標　*172*

SRI　*159*

VUCA　*59*

【ア行】

アウトリーチ　*174*

アクティビスト・ファンド　*153*

アクティブ運用　*152*

アジェンダ・セッティング　*27*

圧力団体　*184*

アドボカシー　*170, 177, 184*

アントレプレナーシップ　*65*

　　──・オリエンテーション（EO）　*67*

育児休業　*76*

一元的会社観　*130*

異文化トレーニング　*88*

異文化摩擦（コンフリクト）　*88*

ウォールストリート・ルール　*150*

影響力の源泉　*28*

エノキアン協会　*50*

M 字型カーブ　*74*

エンゲージメント　*150-151*

エンパワーメント　*30-31, 36, 110-113*

オニツカタイガー　*13*

【カ行】

海外直接投資（FDI）　*195*

会計監査人　*133*

外国人技能実習生　*84*

外国人労働者　*84*

会社形態　*7*

会社支配論　*149*

会社法　*68*

株式会社　*7, 180*

株主総会　*126, 132*

カルチャーショック　*87*

監査委員会　*133*

監査等委員会　*133*

　　──設置会社　*132-133*

監査役（会）　*132-133*

　　──設置会社　*132*

官僚制の逆機能　*37*

索　引

議員立法　*184*
機会主義　*129*
機関投資家　*150*
起業　*60, 64*
企業内社会起業家　*108*
企業の社会的責任　*148, 158*
企業倫理の制度化　*140-141*
規範的統制　*96*
キャリア・アンカー　*106*
キャリア形成　*105*
キャリアステージ　*106*
キャリアデザイン　*109*
休眠預金　*178*
共益団体　*180*
協同組合　*180*
クラウド　*42-44*
グローバル・コンパクト　*159*
ゴーイングコンサーン　*50*
公益法人　*180*
公開株式会社　*128*
公開企業　*128-129*
公共経営　*11*
後継者育成　*121*
国際標準化機構　*160*
コーヒー豆生産農家　*155*
コーポレート・ガバナンス　*56, 150*
コミュニケーション　*116*
コンプライアンス　*140*

【サ行】

再雇用制度　*77*
最低資本金規制　*68*
サードセクター　*181*
サブプライム住宅ローン　*145*
ジェンダーギャップ指数（GGI）　*75*
事業承継　*58*
事業部制　*44*
執行役会　*125*
シナジー効果　*86*
資本金　*62, 64*
指名委員会　*133*
　　――等設置会社　*133*
社会起業家　*182*
社会的包摂　*85*

社外取締役　*133*
社内 FA 制度　*38*
社内ベンチャー　*39*
　　――制度　*39*
就業規則　*105*
商社金融　*15*
女性活躍推進法　*74*
所有と経営の分離　*8, 128, 148*
スタートアップ　*65*
　　――企業　*12*
スターバックス　*154*
スチュワードシップ・コード　*151*
ステークホルダー　*27, 129, 169*
スリーサークルモデル　*55*
世界人権宣言　*162*
セクショナリズム　*37*
セルフマネジメントチーム　*31, 115*
先発者優位　*192*
専門経営者　*8, 149*
専門取締役　*153*
戦略的意思決定　*45-46*
戦略は組織に従う　*45-47*
総合協議資格　*174*
組織学習　*46*
組織社会化　*95*
組織の 3 要素　*24*
組織は戦略に従う　*44-47, 49*
組織文化　*95, 142-143*
ソーシャル・ビジネス　*182*

【タ行】

待機児童　*76*
第三者機関による認証　*154*
ダイバーシティ・マネジメント　*77*
代表取締役　*126-127*
多元的会社観　*130*
多文化共生社会　*85*
短時間勤務制度　*76*
男女雇用機会均等法　*74*
中間支援組織　*183*
中間法人　*182*
長寿企業　*51*
テレワーク　*78*
店頭登録制度　*60, 64*

索　引

登記　130
動機づけ－衛生理論（二要因論）　26
統合規範　150
東証マザーズ　63-64
特定技能　84
取締役　126, 130, 132-133
　――会　125-127, 132-133
トリプル・ボトム・ライン　159

【ナ行】

内発的動機づけ　26
内部通報制度　140
内部統制　140
ニッチ市場　40
日本的経営　11
日本的雇用　97
認定 NPO 法人　180, 182
ネットワーキング　27

【ハ行】

働き方改革関連法　104
ハーバード・ビジネススクール　10
パラレルキャリア　107
バリュー・チェーン（価値連鎖）　194
ビジネスと人権に関する指導原則　201
ビジネスモデル　48
ビッグビジネス　8
筆頭株主　51, 54
非分配制約　180
ファミリービジネス　51
フィランソロピー　169
フェアトレード　155
フォックスコン　156
フォロワー　27
副業　105
ブラック企業　98
フラット化　34-35, 114
プラットフォーマー　48-49
プロジェクト　33, 38
　――・チーム　38
プロボノ　108
文化相対主義　88
米アップル　156
ヘイトクライム　85

ヘッジファンド　145, 153
ベンチャー企業　12
ベンチャーキャピタル　60, 64
報酬委員会　133
法人格　130
ポジティブ・アクション　79
ボランタリーコミュニティ組織　180
ボランタリー組織　180

【マ行】

マミートラック　76
見えざる手　45
3 つのマネジメント活動　24
メンター制度　79
モジュール化　48
モチベーション　25, 116

【ヤ行】

山形カロッツェリアプロジェクト　53-54
有限責任　130
ユニコーン企業　65

【ラ行】

リオ宣言　170
リストラクチャリング　30, 34
リーダーシップ　27, 116
リレーションシップ・インベストメント　150
倫理綱領　140, 143
連邦量刑ガイドライン　141
労働力人口　104
ロビイング　184
ロビー活動　184
ロングテール戦略　40-42, 44

【ワ】

ワーク・ライフ・インテグレーション　107
ワーク・ライフ・バランス　75, 107
和鉄（わずく）　52, 54

人　名

【ア行】

アンゾフ, H. I.（Ansoff, H. I.）　45-47

索　引

岡谷篤一　*50*

【カ行】

コッター, J. P.（Kotter, J. P.）　*27*

【サ行】

シャイン, E. H.（Schein, Edgar H.）　*109*
スミス, A.（Smith, Adam）　*45*
スローン, A. P.（Sloan, A. P., Jr.）　*2, 4-5, 8-9*

【タ行】

チャンドラー, A. D.（Chandler, A. D., Jr.）　*44, 46-48*

デシ, L.（Deci, L.）　*25*
ドラッカー, P. F.（Drucker, P. F.）　*2-5, 8-10*

【ハ行】

ハーズバーグ, F.（Herzberg, F.）　*26*
バーナード, C. I.（Barnard, C. I.）　*24*
フォレット, M. P.（Follet, M. P.）　*89*

【マ行】

村上太一　*62*

【ラ行】

ラギー, ジョン（Ruggie, John Gerard）　*200*

執筆者紹介

金　在淑（キム・チェスク）……………………………………………………… 3-5 を担当
日本経済大学経営学部准教授
主要業績：「CSR 戦略に関する一考察―日韓製薬企業の事例を通して―」アジア経営学会『アジア
経営研究』第 22 号，2016 年 8 月 25 日，93-102 頁
「韓国におけるコーポレート・ガバナンスの自主規制の新動向」経営行動研究学会『経
営行動研究年報』2018 年 7 月 31 日，23-28 頁

荒井 将志（あらい・まさし）……………………………………………………… 3-7 を担当
亜細亜大学国際関係学部国際関係学科准教授
主要業績：「グローバル標準化と技術開発～チャデモを事例に～」『グローバル化とイノベーション
の経営学』税務経理協会，2018 年，209-219 頁
「技術戦略と業界標準」『多国籍企業とグローバルビジネス〔改訂版〕』税務経理協会，
2017 年，183-204 頁

執筆者紹介

平田 博紀（ひらた・ひろき）・・・・・・・・・・・・・・・・・・・・・・・・・・・・ 2-4, 2-5 を担当
　文京学院大学経営学部准教授
　主要業績：「非上場企業の買収プレミアム─経営者のオーナシップと負債、情報の非対称性の影
　　　　　響─」『経営財務研究』Vol. 37, No. 1・2, 2017 年, 70-89 頁
　　　　　「中小製造業企業における設備投資の規定要因：経営者センチメントの影響─2000 年
　　　　　代の個票データに基づく分析─」『経営財務研究』Vol. 32, No. 1・2, 2012 年, 123-
　　　　　139 頁

宇田 美江（うだ・みえ）・・・・・・・・・・・・・・・・・・・・・・・・・・・・・・・・・・・ 2-6 を担当
　青山学院女子短期大学現代教養学科准教授
　主要業績：『女子学生のためのキャリア・デザイン』（単著）中央経済社，2012 年
　　　　　『経営学を楽しく学ぶ Ver. 3』（共著）中央経済社，2012 年

長谷部 弘道（はせべ・ひろみち）・・・・・・・・・・・・・・・・・・・・・・・・・・・ 2-8 を担当
　杏林大学総合政策学部講師
　主要業績：「ディジタル録音の技術開発─ソニーにおける技術者の主体的行為を中心に─」『経営史
　　　　　学』第 51 巻 4 号，2017 年
　　　　　「規範サークルと行為主体性─制度変容における「創発的因果効力」という説明可能性─」
　　　　　『杏林社会科学研究』第 32 巻 3・4 号，2017 年

松田 健（まつだ・たけし）・・・・・・・・・・・・・・・・・・・・・・・・・・・・・・・ 3-1 を担当
　駒澤大学経済学部現代応用経済学科教授
　主要業績：『実践に学ぶ経営学』（共著）文眞堂，2018 年
　　　　　『よくわかるコーポレート・ガバナンス』（共著）ミネルヴァ書房，2019 年

宮川 満（みやがわ・みつる）・・・・・・・・・・・・・・・・・・・・・・・・・・・・・ 3-2 を担当
　立正大学経営学部
　主要業績：『戦略経営への新たなる挑戦』（共著）森山書店，1997 年
　　　　　『経営学研究の新展開 共創時代の企業経営』（共著）中央経済社，2018 年

カンデル ビシュワ ラズ（Kandel Bishwa Raj）・・・・・・・・・・・・・・・・ 3-3 を担当
　名古屋外国語大学世界共生学部教授
　主要業績：『コーポレートガバナンス改革の国際比較』（共著）ミネルヴァ書房，2017 年
　　　　　『現代国際経営要論』（共著）創成社，2018 年

文 載晧（ムン・チェホー）・・・・・・・・・・・・・・・・・・・・・・・・・・・・・・・ 3-4 を担当
　常葉大学経営学部准教授
　主要業績：『コーポレート・ガバナンス改革の国際比較』（共著）ミネルヴァ書房，2017 年
　　　　　『よくわかるコーポレート・ガバナンス』（共著）ミネルヴァ書房，2019 年

執筆者紹介

〈編　者〉

田中 信弘（たなか・のぶひろ）……………………………… 1-1，3-6，本を読む 1，4 を担当

杏林大学総合政策学部教授

主要業績：『新版 CSR 経営要論』（共編）創成社，2019 年

「EU におけるコーポレート・ガバナンス～『遵守か説明か』原則に注目して」馬田啓一他編『国際関係の論点』文眞堂，2015 年

木村 有里（きむら・ゆり）……………………………… 2-7，2-9，本を読む 3 を担当

中央大学国際経営学部教授

主要業績：『現代アジアの企業経営―多様化するビジネスモデル』（共著）ミネルヴァ書房，2017 年

『知足社会のなかの経営―日・タイ協働への視座』（単著）文眞堂，2018 年

〈執筆者〉

奈良 堂史（なら・たかし）……………………………………… 2-1 を担当

関東学院大学高等教育研究・開発センター准教授

主要業績：『スポーツビジネス概論 2』（共著）叢文社，2016 年

『日本の「いま」を見つめる―制度・組織の視点から―』（共著）南窓社，2013 年

吉成　亮（よしなり・あきら）……………………………… 2-2，本を読む 2 を担当

愛知工業大学経営学部教授

主要業績：『CSR 経営革新 組織の社会的責任・ISO26000 への拡大』（共著）中央経済社，2008 年

『横浜産業のルネサンス』（共著）学文社，2007 年

糟谷　崇（かすや・たかし）………………………………………… 2-3 を担当

杏林大学総合政策学部准教授

主要業績：「企業とアーキテクチャ・パターン―モジュール化論からアーキテクチャ論へ」『杏林社会科学研究』第 26 巻 1 号，2010 年

「イノベーションとケイパビリティ」『ケイパビリティの組織論・戦略論』中央経済社，2010 年，第 6 章

齊藤 慎弥（さいとう・しんや）………………………………………… 2-3 を担当

杏林大学大学院国際協力研究科博士後期課程

主要業績：「産業クラスター論の再考」（修士論文）

新版 ストーリーで学ぶプロジェクトマネジメント
——組織・技会議——

2019年3月31日	第1版第1刷発行	検印省略
2020年9月25日	第1版第3刷発行	

編著者　田　中　信　一

　　　　木　村　有　里

発行者　前　野　　　隆

発行所　株式会社　文　眞　堂

東京都新宿区早稲田鶴巻町533
電　話　03(3202)8480
ＦＡＸ　03(3203)2638
〒162-0041　振替00120-2-96437
http://www.bunshin-do.co.jp/

製作・モリモト印刷
©2019
落丁本・乱丁本はおとりかえいたします
ISBN978-4-8309-5042-1　C3034